Luisa Gaffga

STELL DIR VOR,
du
liebst
DICH SELBST

Luisa Gaffga

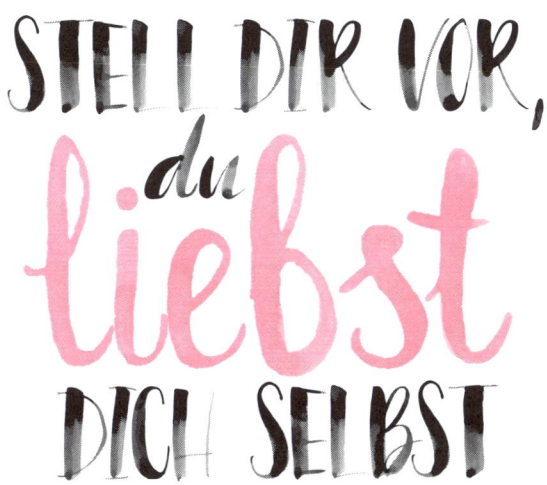

STELL DIR VOR, *du* **liebst** DICH SELBST

Wie du Zweifel loswirst und
deinen inneren Zauber findest

mvgverlag

Bibliografische Information der Deutschen Nationalbibliothek
Die Deutsche Nationalbibliothek verzeichnet diese Publikation in der Deutschen
Nationalbibliografie. Detaillierte bibliografische Daten sind im Internet über
http://dnb.d-nb.de abrufbar.

Für Fragen und Anregungen
info@mvg-verlag.de

Originalausgabe
1. Auflage 2020
© 2020 by mvg Verlag, ein Imprint der Münchner Verlagsgruppe GmbH
Nymphenburger Straße 86
D-80636 München
Tel.: 089 651285-0
Fax: 089 652096

Redaktion: Carina Heer
Umschlaggestaltung: Manuela Amode
Umschlagabbildung: shutterstock.com Kite-Kit, Nikolaeva, Skorik Ekaterina
Layout: Müjde Puzziferri, MP Medien, München
Satz: inpunkt[w]o, Haiger (www.inpunktwo.de)
Druck: Florjancic Tisk d.o.o., Slowenien
Printed in the EU

ISBN Print 978-3-7474-0150-7
ISBN E-Book (PDF) 978-3-96121-511-9
ISBN E-Book (EPUB, Mobi) 978-3-96121-512-6

Weitere Informationen zum Verlag finden Sie unter

www.mvg-verlag.de

Beachten Sie auch unsere weiteren Verlage unter www.m-vg.de

Inhalt

»Jede Veränderung beginnt
mit einem Willen.«

KAPITEL 1

Mein Brief an dich

Weshalb hast du zu diesem Buch gegriffen? Weil du dich etwas verloren fühlst und dich endlich selbst finden möchtest? Vielleicht hat dir eine kleine Stimme den Rat gegeben, endlich deine wahre Schönheit zu erkennen, dein Herz zu öffnen und glücklich zu werden mit dir selbst und deinem Leben? Möglicherweise bist du dir auch bereits im Klaren darüber, dass in dir dieses Licht ist, das scheinen und dein Inneres, aber auch dein Umfeld erleuchten möchte.

Es freut mich sehr, dass meine Worte dir als Inspiration dafür dienen dürfen, deinen eigenen Weg zu finden, hin zu dem Ziel, dich ganz und vollständig erfüllt zu fühlen.

Und selbst wenn du noch einige Zweifel in dir hast, dich allein fühlst, nicht weißt, wo du anfangen sollst, und nicht daran glaubst, dass du es schaffen könntest, dich und dein Leben voll und ganz zu lieben, weiß ich ganz genau:

Du kannst und schaffst das!

Ich glaube fest an dich und weiß, dass du stark bist und alles in deinem Leben erreichen kannst, was du dir nur erträumst. Nun kommt deine Zeit zu leuchten!

Die Zeitspanne, die du auf dieser Welt verbringst, ist deine Chance, dein Leben zu erkunden und an den Herausforderungen, denen du begegnest, zu wachsen. Wenn du dich befreist von den Meinungen anderer, dem sozialen Druck, dem Perfektionismus und dem Käfig in deinem Kopf, dann sind dir keine Grenzen gesetzt.

Deine Träume, die du in deinem Leben wahr machen, die Ziele, die du erreichen möchtest, liegen für dich in greifbarer Nähe. Durch dein Denken und Handeln schaffst du ein Leben, mit dem du glücklich bist und Licht in die Welt bringst.

Du verdienst es, glücklich zu sein.
Du verdienst Lebensfreude.
Du verdienst Liebe zu dir selbst.

In diesem Buch wird es nicht darum gehen, was du alles an dir ändern musst oder wie du die beste Version deiner selbst wirst. Nein, hier geht es einzig und allein darum, du selbst zu sein, dich selbst zu finden, dich so zu lieben, wie du bist, und wie du diese Liebe immer spüren kannst – unabhängig von äußeren Umständen oder den Widrigkeiten des Alltags. Denn du bist bereits perfekt, so wie du bist. Du musst nur den Weg finden, dein Herz zu öffnen, um das auch zu sehen. Es gibt dich und dein Leben nur einmal auf dieser Welt. Du bist einzigartig, ein Unikat, ein Geschenk für das Universum! Und ich hoffe sehr, dass du das durch dieses Buch auch voll und ganz erkennst.

Es erwarten dich kleine Anekdoten von mir, Gedankenanstöße, Inspirationen, Tipps, Fragen und Aufgaben, die dich auf deinem Weg zu deiner Selbstliebe unterstützen. Einige der Zeilen in diesem Buch sind für dich zum Ausfüllen da. Sie unterstützen dich dabei, dir das, was du schon alles erreicht hast, bewusst zu machen.

Bist du bereit für eine wundervolle Reise zu dir selbst, auf der du nicht nur dich selbst besser kennenlernen, sondern vor allem unglaublich viel Liebe zu dir selbst finden wirst?

Gemeinsam schaffen wir das!
Deine Lulu

»Die Reise zur Selbstliebe ist die wohl spannendste Reise des Lebens.«

KAPITEL 2

So funktioniert dieses Buch

Ich habe den Weg zur Selbstliebe in verschiedene Schritte unterteilt. Alle Themen auf einen Schlag anzugehen, kann einen überfordern, sodass man das Gefühl bekommt, das alles gar nicht schaffen zu können. Daher wird dieses Buch auch keines der Bücher sein, die man innerhalb weniger Tage durchliest. Ganz im Gegenteil. Es soll dein Begleiter sein auf einer langen Reise zur Selbstliebe.

Während es in den drei nächsten Kapiteln zunächst kurz um meine eigene Geschichte, die Vorurteile, denen du auf deinem Weg zu mehr Selbstliebe begegnen wirst, und einen Reality Check gehen soll, um herauszufinden, wo du gerade stehst, warten in den Kapiteln 6 und 7 die zahlreichen Schritte für deinen Weg auf dich. Für jeden dieser Schritte kannst du dir eine Woche Zeit nehmen. Doch wenn du schneller oder langsamer bist: kein Problem. Am Ende ist es ganz dir selbst überlassen, mit welchem Tempo du vorgehen möchtest. Wir alle sind unterschiedlich. Für die einen sind manche Schritte schwieriger als für andere, entsprechend mehr Zeit brauchen sie, um diese auch zu gehen. Manche Schritte wiederum können auch mit anderen kombiniert und so viel schneller zurückgelegt werden.

Das Zentrale ist gar nicht, wie viel Zeit man sich nimmt, sondern dass man aktiv wird. Inspirierende Worte zu lesen, kann sehr inspirierend sein, es verändert aber das Leben nicht, wenn man nichts tut. Man kann hundert Bücher gelesen haben und sich trotzdem noch genau wie davor fühlen, wenn man nicht anfängt, die Ideen umzusetzen.

Wenn du nach diesem Buch gegriffen hast, weil du wirklich eine Änderung in deinem Leben verspüren möchtest, dann nimm dir also nicht nur die Zeit, die Kapitel zu lesen, sondern auch, um die Ansätze wachsen zu lassen und die Aufgaben anzugehen. Denn wie auch in der Schule müssen wir die Dinge erst erlernen, um sie dann wie das Einmaleins auswendig zu können. Deshalb gebe ich dir pro Thema ein paar Hausaufgaben, die dich in der jeweiligen Woche auf deinem Weg voranbringen werden.

Um dir deine Erfolge auch bewusst zu machen, werde ich am Ende jedes »Schritt«-Kapitels Fragen stellen, die du unmittelbar nach der Lektüre beantworten sollst. Eine Seite weiter befinden sich ähnliche Fragen, auf die du erst nach einer Woche (oder der dir angemessen erscheinenden Zeitspanne) Antwort geben sollst. Wenn du dich täglich im Spiegel betrachtest, ist dir gar nicht bewusst, wie dein Haar Tag um Tag länger wird. Siehst du dir dann ein altes Foto an, fühlt es sich an, als wäre es einen Meter länger. Und so funktionieren auch die Fragen am Ende des Kapitels. Durch den größeren Zeitabstand werden dir die bisher gegangenen Schritte viel bewusster werden.

Sollten die Zeilen dort nicht ausreichen, kannst du gerne am Ende des Buches deinen Gedanken freien Lauf lassen. Darüber hinaus hast du auch die Möglichkeit, in einem separaten Tagebuch jeden Tag deine Schritte aufzuschreiben und später den direkten Vergleich zu ziehen. Hier wie auch bei allen anderen Aufgaben und Tipps gibt es keine strengen Regeln und Vorschriften. Möchtest du etwas anders machen oder hast du das Gefühl, ein anderes Vorgehen würde dir mehr helfen, bleibt es dir offen, anders zu handeln als in diesem Buch beschrieben.

Denn genau das ist das Ziel der folgenden Seiten: dir die Werkzeuge mit auf den Weg zu geben, damit du dir selbst den Weg bauen kannst.

Ich wünsche dir viel Spaß auf deiner Reise.

»Hinter jedem von uns steckt
eine Geschichte.«

KAPITEL 3

Meine Story

Selbstliebe, Selbstakzeptanz, Selbstbewusstsein …

Überall stößt man auf die tollen Zitate der Super-Gurus, liest regelrechte Romane darüber, wie wichtig und toll Selbstliebe ist, und irgendwie findet man das alles ganz cool und interessant und weise. Doch funktionieren – ja, das tut es dann meistens aber doch nicht.

Trotz all der Arbeit und der Mühen, die man in das Projekt »Selbstliebe« steckt, kommen in der Regel die alten Muster wieder hoch, und nach drei Tagen, die du mit striktem Yoga, dem Lesen von Affirmationen und dem Praktizieren von Meditationen verbracht hast, stehst du erneut voll Selbstkritik vor dem Spiegel und denkst dir: »Mist! Das klappt irgendwie doch nicht so ganz.«

Glaube mir, ich war ungefähr tausendmal (natürlich nicht übertrieben) in dieser Situation. Meine Selbstfindung hat einige Jahre gebraucht. Ich habe Höhen und Tiefen erlebt, Momente, in denen ich aufgeben wollte, und Tage, an denen ich mich besser denn je gefühlt habe.

Die knallharte Wahrheit ist: Kein Guru und auch nicht dieses Buch können dir helfen, solange du dir nicht selbst helfen möchtest. Auch ich musste das lernen. All das Wissen und die Praktiken, die wir lernen, müssen wir langfristig anwenden, um wirkliche Veränderungen zu erzielen. Sieh das Projekt »Selbstliebe« daher nicht als 30-Tage-Challenge an, sondern als eine Umstellung in deinem Leben, die für immer Auswirkungen haben wird.

Dies ist meine kurze Geschichte darüber, wie ich es am Ende wirklich geschafft habe, meinen Weg zu finden, nicht aufzugeben und jetzt mein Spiegelbild zumindest an 90 Prozent der Tage doch ganz süß zu finden. Allerdings muss ich für diese Geschichte etwas ausholen, denn meist entstehen die Muster, die uns in unserem Leben bestimmen und leiten, schon in unserer Kindheit.

Mit meinen süßen kleinen zehn Jahren war ich etwas pummeliger und hatte ein kleines rundes Mondgesicht. Generell war ich einfach immer ein wenig breiter als die meisten meiner Freundinnen. Das lag größtenteils an meiner Körperstatur und auch teilweise an meiner großen Liebe zu Eis. Ich habe von Grund auf etwas breitere Hüften und breitere Schultern, sodass ich nie wirklich zierlich war. Mir selbst wäre das wahrscheinlich gar nicht aufgefallen, wären nicht mit der Zeit immer wieder Kommentare gekommen wie »Pummelchen« oder »Immer nur am Essen«. Komplimente für meinen Körper bekam ich dagegen eher weniger, und falls doch, überhörte ich es leicht, da meine negativen Gedanken mit der Zeit angesichts all der abwertenden Kommentare überwogen. Und ich selbst kam gar nicht darauf, mich positiv über meinen Körper zu äußern. Ich sah mich inzwischen eben auch als das »Pummelchen«, als das die anderen mich bezeichneten. In dieser Zeit habe ich mir viele Gedanken über mein Aussehen und meinen Körper gemacht, doch ich dachte noch nicht an eine Diät oder daran, in irgendeiner anderen Form meinen Körper zu verändern.

Ein oder zwei Jahre später hatte ich einen kleinen Unfall in der Schule. Kurz gesagt stürzte ich beim Rennen, rutschte mit meinem Gesicht über den Boden und verlor zwei Zähne. Mein Gesicht hatte, vorsichtig ausgedrückt, auch so einiges abbekommen. Ich hatte Probleme mit dem Kiefer, kauen konnte ich nur sehr langsam bis gar nicht. Das Resultat war: Ich nahm ab. Da passierte etwas

Faszinierendes. Mit einem Mal kamen nicht mehr Kommentare wie »Pummelchen«, sondern: »Oh hast du abgenommen? Sieht gut aus!«

In dieser Zeit wurde mir klar: Wenn ich abnehme, mögen mich die anderen mehr. Super, oder? So einfach pflanzen sich solche Gedanken in den Kopf, bilden Wurzeln und wachsen. Und dieses Phänomen gilt nicht nur für mich, sondern für uns alle. Denkt doch nur an die letzte Familienfeier, auf der ihr wart. Mindestens eine Person ist immer gerade auf Diät (meistens Low Carb), hat gerade fünf Kilo abgenommen und alle machen der Person Komplimente dafür, wie fit und gesund er oder sie doch aussieht. Bekommen die, die zugenommen haben, Komplimente? Falls man nicht gerade schwanger ist, ist die Chance eher gering. Für mich war ab diesem Moment also ganz klar: abnehmen = gut, zunehmen = schlecht.

Ein paar Monate später entdeckte ich die ersten Fitness-Channels auf YouTube und stieß auf den damals aktuellsten Trend: Clean Eating. Ich war sofort Feuer und Flamme und schwuppdiwupp hatte ich zusätzliche zehn Kilo abgenommen und wurde das erste Mal von einem Jungen beachtet. Das ließ die Formel »abnehmen = gut« noch tiefer in meinem Gehirn Wurzeln schlagen.

Rückblickend denke ich nicht, dass sich ganz plötzlich jemand für mich interessiert hat, weil ich abgenommen habe, aber damals war das für mich der einzige Grund, der Sinn machte. Durch diese Gedanken, verbunden mit Thigh-Gap-Trends und den dünnen Models auf Tumblr kam ich dazu, immer mehr abnehmen zu wollen. Überall sah ich diese »perfekten« Körper und verglich meinen Körper damit.

Mit 13 Jahren wurde es dann zu einer Sucht. Ich wog jedes Salatblatt ab, zählte jeden meiner Schritte und fühlte mich schlecht, wenn ich zu lange an einem Tag sitzen musste (da Sitzen weniger Kalorien verbrennt als Stehen). Irgendwann drehte sich mein Leben nur noch um Essen, Abnehmen, Sport und Aussehen. Das ging noch einige Zeit so weiter, bis meine Eltern mir ein Ultimatum stellten: »Entweder gehst du in eine Klinik für Menschen mit einer Essstörung oder du nimmst zu.« Natürlich war das ein Schock für mich, aber heute bin ich unfassbar dankbar dafür, da dies der erste Schritt in Richtung Heilung war!

Ich erinnere mich noch sehr gut an ein Telefonat, das ich mit der empfohlenen Klinik führte:

F (Frau am Telefon): Hallo! Womit kann ich Ihnen helfen?

I (Ich): Hallo, ich habe da eine Frage. Es wurde mir wegen meiner Essstörung empfohlen, in Ihre Klinik zu gehen. Auf Ihrer Website steht, dass es nach jedem Mittagessen Kuchen gibt. Muss man den essen oder kann man den auch weglassen?

F: Wir zwingen unsere Patienten zu nichts, aber man sollte üblicherweise das essen, was man bekommt.

I: Okay danke. Tschüss.

F: Tschüss.

Das war natürlich nicht wortwörtlich das, was gesagt wurde, und das Telefonat ging ein wenig länger, aber mir war sofort klar, dass ich nicht in diese Klinik gehen würde. Ich wollte mir nicht vorschreiben lassen, was ich zu essen habe. Davor hatte ich zu viel Angst. Natürlich war diese Entscheidung komplett paradox, da ich doch genau wegen dieser Angst in die Klinik gehen sollte. Trotzdem beschloss ich, lieber allein einen Weg aus der Krankheit zu finden.

Und so startete mein Weg zur Selbstliebe. Mir war klar, dass ich zunehmen musste. Recht war es mir nicht, aber es war ein fairer Deal, um nicht in diese Klinik gehen zu müssen. Ich aß etwas mehr, nahm auch ein paar Kilo zu, aber wirklich gut ging es mir immer noch nicht. Ein Thema, über das viele nicht sprechen, ist, dass bei extremem Untergewicht der Körper entsprechend weniger Energie hat. Also denkt er sich: »Was brauche ich momentan nicht? Haare? Unwichtig! Hallo Haarausfall! Periode? Schwanger werden ist momentan Nebensache. Tschüss, Eisprung!« Bei der Haut spart sich der Körper die »Instandhaltungsmaßnahmen«, die entsprechend rau und fahl wird – und auch in den Bereichen Körperwärme oder alltägliche Tätigkeiten wird fleißig an Energie gespart.

Mir war bewusst, dass ich so nicht weitermachen konnte. Doch was sollte ich tun? Ich informierte mich noch mehr über das Thema und was mir helfen könnte. Zu meinem (Un-)Glück war die einzige Lösung, weiter zuzunehmen und wesentlich mehr Fett zu essen. (Natürlich bin ich kein Arzt und kann nur aus meiner eigenen Erfahrung sprechen. Solltest du auch an dieser Krankheit leiden, empfehle ich dir, einen Profi um Rat zu fragen.)

Nach einigen weiteren Wochen gründlicher Überlegungen, während der ich auch die Vor- und Nachteile des Zunehmens und den Weg der Heilung gegeneinander abwog, entschied ich mich, mein Sportprogramm radikal zu reduzieren und einfach viel zu essen. »Einfach« sagt sich so leicht, es war jedoch ganz schön stressig und schwer. Monatelang versuchte ich, mich nicht zu viel zu bewegen und so viele Haferflocken wie möglich zu essen. Ich übertreibe nicht, wenn ich sage, dass ich in dieser Zeit bestimmt ein halbes Kilo Haferflocken jeden Tag gegessen habe! Denn mein Körper dachte sich, ganz nach dem Steinzeitmenschenprinzip: »Ui, es gibt Essen! Ich muss nicht mehr hungern, also hau ich richtig rein, bevor es wieder zur Hungersnot kommt.« Ein Jahr lang konnte ich Portionen für eine fünfköpfige Familie verdrücken und wurde einfach nicht satt. Mit der Zeit stieg dann auch die Zahl auf der Waage. Nicht nur, dass ich die Knöpfe meiner Hosen nicht mehr zumachen konnte, ich bekam sie nicht mal mehr über die Knie.

Das klingt möglicherweise alles ziemlich radikal und vielleicht etwas zu krass, aber zu dieser Zeit war es genau das, was ich brauchte. Natürlich regulierten sich die Portionsgrößen mit der Zeit wieder auf eine normale Größe und ich treibe auch hie und da mal wieder mehr Sport (wenn auch nicht so viel, ich habe da so meine Phasen). Woran ich aber am meisten zugenommen habe, ist mein Selbstvertrauen. Die große Angst vor dem Zunehmen war nämlich ganz schön unnötig. Es stellte sich heraus, dass mein Gewicht mich und meinen Wert nicht definiert und ich mich lieben kann, egal, wie viel ich wiege.

Zu dieser Stärke bin ich aber nicht allein durch das Zunehmen gekommen! Um wirklich eine mentale Veränderung zu erlangen, musste ich viel an mir arbeiten. Ich las Hunderte Blogbeiträge, Instagram-Posts und schaute mir YouTube-Videos über das Thema Selbstliebe und Selbstakzeptanz an, die mir unfassbar viel geholfen haben. Das Zunehmen und die Veränderungen an meinem Körper hätte ich wahrscheinlich nicht akzeptieren können ohne die Worte, die ich gelesen habe, die Fragen, die ich mir selbst gestellt habe, und die Übungen, mit denen ich mich auseinandergesetzt habe. Alle Dinge, die mir auf meinem Weg geholfen haben, werde ich in diesem Buch im Detail behandeln, damit du diesen Sprung auch schaffst, egal, welche Geschichte du hast.

Diese ist nur eine Story von vielen. Jeder hat seine eigene Vergangenheit, seine eigenen Prägungen und seine eigenen Ängste. Jeder muss an verschiedenen Punkten mehr oder weniger arbeiten. Vielleicht ähnelt meine Geschichte deiner, vielleicht ist sie komplett anders, doch das Grundproblem, die Wurzel der Geschichte ist bei vielen sehr ähnlich: nicht genug Liebe zu sich selbst.

Es kann sein, dass es dir unmöglich vorkommt, in deiner Situation etwas zu ändern und eine Lösung zu finden. Doch egal, wie schlimm es aussieht, durch das Arbeiten an deinen Gedanken und deinem Handeln wirst du dein Leben ändern können!

Ich glaube an dich und du solltest das auch.

»Größe Veränderungen entstehen
durch viele kleine Handlungen.«

KAPITEL 4

Reality Check

Bevor du anfängst, deine Ziele in Angriff zu nehmen und an deinem Inneren zu arbeiten, ist es interessant, zu erfahren, an welchem Punkt du momentan stehst. Bewerte die folgenden Aussagen auf einer Skala von 1 bis 10. 1 bedeutet hierbei: trifft nicht zu. 10 Bedeutet: trifft eindeutig zu.

Wenn du das Ende dieses Buches erreicht hast, werde ich dir die gleichen Fragen erneut stellen. Das gibt dir die Möglichkeit, direkt zu vergleichen, in wie vielen Punkten sich dein Leben verändert hat.

Sei bei deinen Antworten ehrlich zu dir selbst. Dieses Buch gehört nur dir allein und kein anderer wird deine Antworten zu Auge bekommen, solange du es nicht zulässt. Entscheide aus dem Bauch heraus. Je ehrlicher du bist, desto besser wirst du die Erfolge sehen.

Bewerte außerdem keine deiner Antworten. Falls du in einer Sache noch nicht dort bist, wo du hinmöchtest, bedeutet das nicht, dass du etwas falsch machst oder dass etwas mit dir nicht stimmt. Es zeigt dir vielmehr, wie viel du noch lernen kannst und in welch wundervoller Weise dein Leben sich noch ändern kann.

Kreuze nun deine Einschätzung an:

»Ich gehe achtsam mit mir um.«

1   2   3   4   5   6   7   8   9   10

»Ich trage Freude in mir.«

1   2   3   4   5   6   7   8   9   10

»Ich fühle mich wohl in meinem Körper.«

1   2   3   4   5   6   7   8   9   10

»Ich bewundere andere, ohne Eifersucht zu empfinden.«

1   2   3   4   5   6   7   8   9   10

»Ich kann gut mit Kritik umgehen.«

1   2   3   4   5   6   7   8   9   10

»Die Meinung anderer verändert nicht meinen Selbstwert.«

1   2   3   4   5   6   7   8   9   10

»Ich stehe zu Fehlern und lerne aus ihnen.«

1   2   3   4   5   6   7   8   9   10

»Ich gebe Liebe an andere weiter.«

1   2   3   4   5   6   7   8   9   10

»Ich kenne meinen Selbstwert.«

1   2   3   4   5   6   7   8   9   10

»Ich mache mir keine Gedanken darüber, was andere von mir denken.«

1   2   3   4   5   6   7   8   9   10

»Ich gehe liebevoll mit meinem Körper um.«

1   2   3   4   5   6   7   8   9   10

»Ich bin im Hier und Jetzt glücklich.«

1   2   3   4   5   6   7   8   9   10

»Ich vergleiche mich nicht mit anderen.«

1   2   3   4   5   6   7   8   9   10

»Ich vergebe mir selbst und auch anderen.«

1   2   3   4   5   6   7   8   9   10

»Ich nehme mir genug Zeit für mich.«

1   2   3   4   5   6   7   8   9   10

»Ich bin glücklich mit meinem Leben.«

1   2   3   4   5   6   7   8   9   10

»Ich liebe mich selbst.«

1   2   3   4   5   6   7   8   9   10

»Ich bin mir bewusst, wie viel Macht ich über mein eigenes Leben habe.«

1   2   3   4   5   6   7   8   9   10

»Alles beginnt mit einem Gedanken.«

KAPITEL 5

Vorurteile

Über die Jahre hinweg habe ich immer wieder Aussagen gehört und gelesen, die mich sehr irritiert haben. Negative Gedanken. Naive Meinungen und Muster, die uns auf unserem Weg zur Selbstliebe im Weg stehen. Machen wir uns also von diesen Vorstellungen frei, bevor wir versuchen, uns selbst zu lieben, um vorurteilslos und mit positiven Gedanken das Projekt »Selbstliebe« anzupacken.

1. Selbstliebe ist ganz einfach und kommt über Nacht

Wie schön wäre es, wenn wir plötzlich morgens aufwachen, in den Spiegel schauen und uns denken würden: »Mensch, heute sehe ich ja scharf aus.«

Leider ist der Weg zur Selbstliebe etwas komplizierter. Im Prinzip kann man das Ganze wie eine mathematische Gleichung sehen. Nehmen wir mal an, du bist 25 Jahre alt. Bis etwa zum Alter von zehn Jahren macht man sich in den meisten Fällen nicht ganz so viele Gedanken über das Thema Diäten und Bikinifiguren für den Strand. Also sagen wir, du magst deinen Körper, seitdem du zehn bist, nicht. Du findest ihn seit 15 Jahren doof, hast einige Diäten hinter dir und langsam die Nase voll. Also nimmst du dir vor, einen Monat lang auf dich selbst zu achten und an deiner Selbstliebe zu arbeiten. Nach diesem Monat fühlst du dich zwar besser, aber du empfindest noch nicht die Liebe zu dir, die du dir erhofft hast. Also gibst du auf und sagst, dass das alles ja doch keinen Sinn hat.

Mit dieser Erfahrung bist du nicht allein! Wir alle waren schon an diesem Punkt. Aber führt man sich noch einmal die genannten Zahlen vor Augen, erkennt man auch, wieso der Weg zur Selbstliebe seine Zeit braucht: Wie willst du in einem Monat zu vollkommener Selbstliebe finden, wenn du dich 15 Jahre, also 180 Monate, nicht geliebt hast? Schließlich wirst du einige Stadien auf deinem Weg durchlaufen …

Das erste Stadium ist die Situation, in der man noch nichts ändern kann, weil man es nicht will. Die Idee fühlt sich sinnlos an, nach verschwendeter Zeit. Im zweiten Stadium wollen wir eine Veränderung und sind offen dafür, wissen aber nicht, wie wir es schaffen sollen. Da du dich offenbar mit diesem Hintergrund für dieses Buch entschieden hast, bist du schon in diesem Stadium. Gratulation zu Level 2. In der dritten Phase beginnen wir langsam, Pläne zu machen. In der vierten Phase gehen wir dazu über, diese Schritte auch zu tun und das Problem anzupacken. Im fünften Stadium müssen wir Durchhaltevermögen zeigen. Wir dürfen nicht aufgeben.

Doch keine Angst, in all diesen Phasen bin ich im Verlauf dieses Buches für dich da, um dich zu unterstützen. Sobald du jedoch die sechste, die letzte Phase, erreicht hast, bist du bereit, allein deinen Weg zu gehen, und schaffst es auch ohne Hilfe von außen. Wie lange jede dieser Phasen jedoch dauert, ist sehr individuell und kann nicht verallgemeinert werden.

Fazit: Nimm dir die Zeit, die du brauchst!

Bei den einen dauert es ein halbes Jahr, bei anderen mehrere Jahre. Ich habe ungefähr drei Jahre gebraucht, um an den Punkt zu kommen, an dem ich momentan bin. Trotzdem lerne ich immer noch dazu. Nach jedem Jahr blicke ich zurück und sage mir: »Wow! Ich dachte schon vor einem Jahr, dass ich alles erfahren habe, doch nun habe ich noch viel mehr dazugelernt!« Es geht also immer weiter. Vielleicht denkst du in einem Moment, dass du alles geschafft und dein Ziel erreicht hast, und im nächsten fühlst du dich noch tausendmal stärker und selbstbewusster als davor. Es wird nie diesen einen Punkt geben, an dem es aufhört.

Bedeutet das, dass du Jahre brauchst, um glücklich zu werden? Nein! Jeder Tag kann eine Veränderung herbeirufen. In den ersten Wochen sind wahrscheinlich noch viele Zweifel in deinem Kopf, die mit der Zeit immer schwächer werden. Es gibt gute und nicht so gute Tage. Aber das Resultat ist eine eindeutige Steigerung des Selbstbewusstseins und des allgemeinen Wohlbefindens.

Möglicherweise fragst du dich, ob du nun jeden Tag stundenlang meditieren musst und keine Zeit mehr für andere Dinge haben wirst. Doch der Schlüssel liegt nicht allein darin, Zeit in dieses Projekt zu stecken, sondern die grundlegenden Aktivitäten wie zum Beispiel Arbeit, Freunde-Treffen, Shoppen, Sport einfach weiter fortzuführen – nur eben mit neuen Gedanken. Weitere Übungen, die ich dir vorstellen werde, sind natürlich ein wundervolles Extra, das noch einen Push gibt, doch Selbstliebe beginnt allein in deinen Gedanken.

Mach dir also keinen Stress! Geh den Dingen nach, die dir guttun, und versuche nicht, alles perfekt zu machen und jeder Regel zu folgen. Dadurch gerätst du wieder in einen Strudel, der dir am Ende des Tages mehr Stress verursacht, als er dir Freiheit schenkt. Probiere die Tipps aus, die ich dir vorstelle, und finde dadurch deinen eigenen Weg.

2. Selbstliebe ist egoistisch

Selbstliebe bedeutet, sich selbst zu lieben. Ich denke, das ist uns allen klar, und doch haben wir etwas Angst davor. Uns wird von der Kindheit an beigebracht, dass Menschen, die sich selbst lieben, selbstsüchtig und egoistisch sind. Sie sind Menschen, die sich für etwas Besseres halten, sich nicht um andere kümmern und ihre Mitmenschen schlecht behandeln. Natürlich gibt es Menschen, die sich so verhalten. Das bedeutet aber nicht, dass alle Personen, die sich selbst lieben, genau so sind.

Hier ein kleines Beispiel, um das noch ein bisschen deutlicher zu machen: Wenn du in einem Flugzeug sitzt, wird am Anfang erklärt, was man tun soll, falls etwas nicht glattgeht. Man soll sich in diesem Fall die eigene Sauerstoffmaske zuerst aufsetzen und dann erst den Menschen um sich herum helfen. Die Erklärung ist ganz einfach: Rettest du dich zuerst, kannst du deinem Nachbarn auch helfen, und vielleicht überlebt ihr beide. Versuchst du, ihn zuerst zu retten, könnte es mit etwas Pech für euch beide schlecht ausgehen.

Dieses Vorgehen gilt auch in nicht ganz so brenzligen Situationen. Was wir brauchen, ist ein gesunder Egoismus. Wenn ich mich selbst liebe und mich um mein Wohlergehen kümmere, kann ich mehr Liebe an meine Freunde, Familie, aber auch Unbekannte geben. Ein leerer Akku kann keine Energie geben. Ein voller Akku kann das schon!

Der Unterschied zwischen einem Egoisten und einem Menschen, der sich selbst liebt, ist ziemlich einfach zu erklären: Ein Egoist lebt auf Kosten anderer. Er fordert alles von seinen Mitmenschen, gibt aber nichts zurück, hat nie genug und nimmt dabei keine Rücksicht auf die Gefühle anderer. Solche Menschen sind Energiesauger. Ein Mensch, der sich selbst liebt, achtet auf seine Nächsten – und auf sich selbst. Er ist ein Energiegeber.

Fazit: Menschen, die sich selbst lieben, sind nicht selbstsüchtig, sondern geben sich selbst die Liebe und Zeit, die sie brauchen, um auch genug positive Energie für ihr Umfeld zu haben.

3. Wer hübsch ist, hat es leichter

Ich habe schon öfter in den sozialen Medien Kommentare gelesen wie: »Ja, wenn ich so perfekt wäre wie die, könnte ich mich auch lieben. Die hat es ja leicht.« Dabei sehen sich die Menschen, die von anderen als »schön« bezeichnet werden, häufig gar nicht so. Die dünneren Menschen wollen lieber kräftiger sein, die kräftigen eher dünn. Lockige Haare wären besser, wenn sie glatt wären, und glatte wären lockig schöner. Im Prinzip wollen die meisten genau das, was sie nicht haben. So sehen sie auch meist die Dinge, die sie stören oder die sie nicht besitzen, anstatt sich auf die schönen Details an sich und ihrem Körper zu konzentrieren. Hier sprechen wir über eine gestörte Selbstwahrnehmung.

Dazu kommt, dass sich auch die »objektiv« Schönen manchmal selbst nicht schön genug sind. Ich bin zwar dünn – aber bin ich dünn genug? Und kann ein hübsches Gesicht nicht vielleicht noch einen Tick hübscher sein? Wirkt also auf dich eine Person absolut perfekt und wunderschön, kann es sein, dass dieser

Mensch sich in der eigenen Haut gar nicht wohlfühlt und gegen viele Unsicherheiten und Zweifel zu kämpfen hat.

Wenn ich heute Schönheit definiere, gehe ich gar nicht direkt vom Aussehen her aus, sondern vielmehr von der Ausstrahlung und dem Charakter. Mit der Zeit habe ich gemerkt, dass Menschen, die ich sympathisch finde, tendenziell schöner auf mich wirken als die Menschen, die ich unsympathisch finde. So kann es sein, dass sich ein Mensch, den ich immer besser kennenlerne, in meinen Augen komplett verändert, auch wenn dieser äußerlich noch genau gleich aussieht. Es hat sich im Prinzip nur meine Sicht verändert und somit ist die Schönheit, die ich sehe, immer strahlender geworden oder verblichen.

Entsprechend kann jeder Mensch schön sein – oder selbst der äußerlich schönste Mensch viele Selbstzweifel haben und es genauso schwer haben wie viele andere auch.

Fazit: Bewerte nicht, wie schön sich ein anderer Mensch fühlen muss, und nimm dieser Person nicht das Recht, die gleichen Empfindungen wie andere zu haben.

4. Wer abnehmen will, liebt sich nicht

In den Selbstliebe-Communitys werden vor allem Kurven und kräftige Frauen gefeiert. Entsprechend ist mir bei einigen Kanälen schon aufgefallen, dass es direkt als etwas Schlechtes betitelt wird, wenn eine Person abgenommen hat.

Beim Thema Abnehmen muss man jedoch differenzieren, aus welchem Grund dieser Mensch abnehmen möchte. Sollte jemand stark übergewichtig sein und aus gesundheitlichen Gründen abnehmen, ist dies doch eher ein Akt der Selbstliebe und Selbstheilung. Dies gilt auch für Personen, die etwas gesünder leben möchten und automatisch ein paar Kilo verlieren. Denn wenn wir auf uns achtgeben und somit auch darauf schauen, unserem Körper mit etwas Bewegung und ausreichend Nährstoffen Gutes zu tun, werden wir automatisch das gesunde Gewicht für unseren Körper erhalten.

Ungesund wird es erst dann, wenn alle nur erdenklichen Diäten ausprobiert werden und aus den falschen Gründen abgenommen wird. Solche falschen Gründe zum Abnehmen sind Selbstzweifel, Vergleiche mit anderen Körpern oder gar Selbsthass. Und in solchen Fällen sollte zuerst an der Selbstliebe gearbeitet und danach über das Abnehmen nachgedacht werden.

Sind die Gründe ein gesünderes Essverhalten, eine spaßige Aktivität oder gesundheitliche Gründe, ist Abnehmen nicht unbedingt schlecht. In diesem Fall muss man jedoch im Blick behalten, wann ein Gewichtsverlust nicht mehr gesund ist. In vielen Fällen denken auch Menschen, die schon ein gesundes Gewicht haben, sie müssten abnehmen. Und hier wird es gefährlich!

Fazit: Gewicht verlieren ist nicht unbedingt etwas Negatives, sondern wird erst negativ, wenn es aus den falschen Gründen – oder im Übermaß – geschieht. Nimmt man ab, weil man sich liebt oder um sich irgendwann zu lieben?

5. Wer sich liebt, schminkt sich nicht

Ich liebe es, kreativ mit meinem Make-up zu werden und viel Neues auszuprobieren. Um ehrlich zu sein, ist Schminken und Stylen eines meiner größten Hobbys, mit denen ich mich einige Stunden am Tag beschäftigen könnte. Trotzdem gehe ich ungeschminkt aus dem Haus und es ist mir komplett egal, ob meine Haare gerade fettig sind, ob dieser riesige Pickel auf meiner Stirn zu sehen ist oder ob meine Augenringe mal wieder größer als die Augen selbst sind.

Für mich bedeutet Schminken, sich kreativ zu entfalten und sich selbst etwas Gutes zu tun. Dies gilt natürlich nicht für alle Menschen und kann so nicht verallgemeinert werden. Viele Mädels schminken sich jeden Tag und trauen sich ohne Make-up gar nicht aus dem Haus. In diesen Fällen schminken sich die Leute, um Mitmenschen zu gefallen. Genau wie bei dem Thema Abnehmen muss Schminken also aus den richtigen Gründen getan werden. Wenn sich jemand schminkt, weil es superviel Spaß macht, aber es auch kein Problem für ihn ist, ungeschminkt zu sein, gibt es keinen Grund, darüber zu urteilen. Wird das Make-up nur aufgetragen, um vermeintliche »Fehler« zu kaschieren, empfehle ich eine Make-up-freie Zeit. Ich habe mir in meiner schwierigen Zeit ein Jahr genommen, in dem ich fast nie geschminkt aus dem Haus gegangen bin. Das hat mir sehr geholfen, mich in meiner Haut wohlzufühlen und herauszufinden, aus welchen Gründen ich meine Schminksachen verwende.

> Fazit: Schminken bedeutet nicht immer, dass man sich ungeschminkt unwohl fühlt. Sollte dies jedoch der Fall sein, wäre eine schminkfreie Zeit sehr hilfreich.

6. Männer brauchen keine Selbstliebe

Wenn man über das Thema Selbstliebe nachdenkt, denkt man oft an Mädels, die sich in ihrer Haut nicht wohlfühlen. Doch was ist mit den Männern, die einen Sixpack haben müssen, groß und »männlich« aussehen und eine supersexy Ausstrahlung haben sollen? Nicht nur Frauen bekommen gesagt, wie sie auszusehen haben oder welche »Goals«* gerade im Trend sind. Viele Jungs und Männer hinterfragen sich selbst und ihr Aussehen quasi ständig. Doch weil in unserer Gesellschaft auch heute noch vom männlichen Geschlecht vor allem Stärke erwartet wird, hört man Männer weniger über Selbstzweifel und mentale oder emotionale Probleme sprechen.

Ich bin jedoch davon überzeugt, dass nicht jeder Mann, der Stunden im Fitnessstudio verbringt, dies wirklich nur aus Spaß tut. Ich glaube, dass einige davon aus Selbstzweifeln und einem Mangel an Selbstbewusstsein heraus ihre Körperform ändern möchten. Daher ist es wichtig, auch Männer über Selbstliebe aufzuklären und ihnen die Freiheit zu geben, sich so lieben zu dürfen, wie sie sind.

Fazit: Egal ob Frau oder Mann, jeder sollte an Selbstliebe und Selbstbewusstsein arbeiten, um mit sich selbst glücklich zu werden.

---

* Goals: kurzweilige Trends, die vermeintlich glücklich machen sollen, doch dies meist nicht tun, da es sich um oberflächliche Dinge handelt.

7. Selbstliebe bedeutet, immer glücklich mit sich zu sein

An dieses Vorurteil habe ich selbst lange Zeit geglaubt. Ich war davon überzeugt, dass Menschen, die sich selbst lieben, immer glücklich sind und nie schlechte Tage haben oder sich nie auch mal nicht so gut in ihrem Körper fühlen. Meiner Meinung nach geht es aber nicht darum, dass immer alles zu 100 Prozent positiv ist. Selbstliebe bedeutet vielmehr, dass man negative Emotionen, Tage oder Phasen annimmt, sich aber nicht damit identifiziert. Man macht sich nicht schlecht für diese Gefühle oder verurteilt sich selbst. Stattdessen achtet man genau in diesen schlechten Zeiten auf sich selbst, kümmert sich um die psychische sowie auch physische Gesundheit und lässt alle Emotionen und Gedanken raus.

Denn das Leben hat Höhen und Tiefen. Wenn man einen doofen Tag hatte, ist es einfach nur menschlich, sich auch mal schlecht zu fühlen. Man kann nicht immer 100 Prozent geben und auch nicht ständig happy rumspringen. Und genau durch diese negativen Momente werden die positiven viel bedeutender und schöner. Wenn das Leben eine gerade Linie des Glücks wäre, wäre das doch schrecklich langweilig, oder?

Fazit: Mach dich also nicht fertig, wenn du mal einen schlechten Tag hast! Das bedeutet nicht, dass du versagt hast. Es ist einfach nur eine gewisse Zeit, die überstanden werden muss und auf die eine wundervolle Phase folgt.

»Wir können unsere eigene
Wahrheit kreieren.«

KAPITEL 6

Die Meinung der Mit- menschen

Hach ja ... die Meinung der Mitmenschen. Die ist natürlich einigen von uns gut bekannt und oft wichtiger als unsere eigene. Man möchte jedem gefallen, immer für alle da sein und die Person sein, die von jedem am meisten gemocht wird.

Man sollte nicht zu laut an öffentlichen Plätzen sein, um nicht peinlich berührte Blicke auf sich zu ziehen, doch bitte auch nicht schüchtern – denn das ist ja auch irgendwie langweilig. Ein ganz wichtiger Punkt ist auch das Aussehen, die Kleidung, das Make-up, denn sonst könnte das ja wirken, als würde man sich gehen lassen. Schminkt man sich aber zu viel und zieht sich stylisch an, ist man eine zugekleisterte Puppe, und das mag auch keiner. Es ist auch superwichtig, dass die Wohnung immer ordentlich ist, sobald Gäste da sind, sonst könnten die ja sonst was denken. Und nicht zu vergessen: Auf unseren Social-Media-Kanälen müssen wir *das* perfekte Leben haben und auf noch cooleren Events und in noch aufregenderen Urlauben gewesen sein als alle, die die Bilder zu Gesicht bekommen.

Ich kenne viele Personen, die behaupten, dass es ihnen egal ist, was andere von ihnen halten. Das freut mich für sie – gleichzeitig glaube ich, dass das wirklich nur bei ein paar Prozent von uns der Fall ist, schließlich haben doch die meisten von uns Probleme damit, was die anderen wohl über sie denken. So war es auch für den größten Teil meines Lebens bei mir – auch wenn ich mir gerne das Gegenteil einredete.

Mache gerne den folgenden Test und finde heraus, ob du viel Wert auf die Meinung von den Menschen in deinem Leben legst oder ob du komplett frei davon bist.

Kreuze bitte alle Aussagen an, die auf dich zutreffen, und höre hierbei auf dein Bauchgefühl und nicht auf deinen Kopf.

- Bevor ich aus dem Haus gehe, kontrolliere ich im Spiegel, ob ich auch wirklich gut aussehe.
- Ich schminke mich, auch wenn ich keine Lust oder keinen Spaß daran habe, weil ich mich sonst unwohl fühle.
- Wenn eine Person sich negativ über mich äußert, denke ich länger darüber nach und zweifle an mir.
- Bevor ich auf meinen Social-Media-Kanälen etwas poste, denke ich darüber nach, ob ich auch wirklich gut genug aussehe.
- Wenn ich im Restaurant sitze und es mir nicht schmeckt, sage ich dem Kellner, dass es lecker war.
- Wenn jemand Hilfe braucht, helfe ich, auch wenn ich absolut keine Lust oder keine Zeit habe.
- In der Schule oder in einer Gruppe sage ich lieber nicht viel, bevor ich etwas Falsches sage.
- Fremde Leute anzusprechen, ist für mich Stress.
- Ich behalte meine Meinung für mich, um niemanden zu verletzen.
- Ich habe ein großes Problem damit, »Nein« zu sagen.

Na? Wie viele hast du angekreuzt?

Auf dich hat gar keine Aussage zugetroffen? Glückwunsch! Offenbar interessiert es dich wirklich nicht, was Leute von dir denken, oder es macht dir zumindest nicht so viel aus. Dennoch können die folgenden Tipps durchaus sinnvoll für dich sein.

Wenn du mehrere Kreuze gemacht hast, kann es gut sein, dass du noch ein kleines Problemchen damit hast, dich von der Meinung anderer unabhängig zu machen. Das Gute ist: Für jedes Problem gibt es mindestens zwei Lösungen! Diese Aussage hat meine Mama mir schon in frühen Jahren mit auf den Weg gegeben und ich muss sagen: Bisher hatte sie immer recht damit.

Mache dir also gar keine Sorgen, du wirst es schaffen, schon ganz bald nicht mehr so viel deiner Zeit auf die Meinung anderer zu verschwenden oder dir Dinge zu verbieten aus Angst, was andere wohl darüber denken könnten.

Denn eins ist klar: Das ist absolut verschwendete Energie und Lebenszeit, die wesentlich sinnvoller genutzt werden können. Am Ende des Tages bringt es weder dich noch jemand anderen weiter, wenn du Stunden damit verschwendest, dir solche negativen Gedanken zu machen.

Über gefragte und ungefragte Kritik

Jeder Mensch hat ein Recht darauf, seine eigene Meinung zu haben und diese auch zu äußern. Allerdings müssen wir unterscheiden zwischen gefragter Kritik und ungefragter Kritik. Hasskommentare und gemeine Aussagen wiederum zählen gar nicht zu Kritik. Sie sind schlichtweg die Ausdrucksform jener, die selbst nicht mit ihrem Leben zurechtkommen und das an anderen auslassen. Doch darauf gehe ich später noch genauer ein.

1. Gefragte Kritik

Du kannst dich nicht entscheiden, ob du das blaue Kleid tragen oder ob du doch lieber zu Jeans und Shirt greifen sollst. Also fragst du einen Freund um Rat, der dir nach einer Analyse der Farben, des Wetters und des Schnittes seinen Rat gibt. Diesen kannst du natürlich dankend annehmen und befolgen oder doch lieber das Gegenteil von seiner Aussage umsetzen.

2. Ungefragte Kritik

Du ziehst das blaue Kleid an, fühlst dich pudelwohl und ready für die Familienfeier. Als du dort ankommst, meint deine Tante Rosa, dass dieses Kleid nicht gut an dir aussehe und du besser zu einer Jeans und einem Shirt hättest greifen sollen. Natürlich könntest du jetzt nach Hause gehen und dich umziehen – aber eigentlich hast du dich doch gerade noch pudelwohl gefühlt.

Es gibt also Kritik, die wir brauchen, wenn uns eine Entscheidung schwerfällt oder die Meinung anderer gerade wichtig ist. Die Kommentare von Menschen, nach deren Meinung wir nicht gefragt haben, können uns in den meisten Fällen aber relativ egal sein.

Hier ein paar Ausnahmen:
1. Du möchtest jemanden umbringen.
2. Du planst den Weltuntergang.
3. Du willst alte Geister zurückrufen, die dann die Weltherrschaft an sich reißen.

In diesen Fällen wäre es ratsam, auf deine Mitmenschen zu hören und deinen Plan besser doch nicht weiterzuverfolgen.

Gleichzeitig solltest du selbst überlegen, wie häufig du versuchst, mit ungefragter Kritik Einfluss auf deine Mitmenschen zu nehmen.

Doch weshalb kritisieren wir überhaupt?

1. Wir haben eine gewisse Vorstellung davon, wie man sein und handeln soll, und wenn uns eine Verhaltensweise nicht in den Kram passt, reden wir demjenigen, der sich unserer Meinung nach unpassend verhält, ein, dass seine Vorstellung der Welt falsch und unsere die einzig wahre ist.

2. Wir gehen von unserer Perspektive aus und wollen unseren Freunden und Familienmitgliedern einen Ratschlag geben, der *uns* guttun würde. Dieser kann dem anderen auch guttun oder allerdings auch nicht zu ihm passen.

3. Wir kritisieren die Dinge an anderen, die uns an uns selbst nicht gefallen.

4. Wir üben Kritik, weil wir von der Person enttäuscht oder verletzt wurden.

Beim vierten Punkt gibt es einen schmalen Grat zwischen »unrealistische Erwartungen an andere haben« oder »wirklich verletzt sein«. Hat dein Gegenüber etwas sehr Gemeines zu dir gesagt und dich verbal oder auch auf eine andere Art und Weise verletzt, solltest du natürlich auch ehrlich sein und mit der Person reden.

Übrigens: Wenn ich dich auf die Problematik ungefragter Kritik hinweise, geht es übrigens keineswegs darum, absolut niemals mehr wieder seine Meinung zu sagen. Viel eher sollte man darauf schauen, ob es in dem Moment wirklich nötig ist, zu kritisieren, und demjenigen hilft oder ob man es aus dem falschen Grund tut. Denke also das nächste Mal bewusster darüber nach, ob du Kritik äußern solltest oder es besser sein lässt.

Wichtig: Häufig können die Meinung anderer, deren ungefragten Aussagen und Tipps sogar hilfreich sein. Dies kommt natürlich immer auf die Situation an und auf dein Bauchgefühl. Stehst du zu 100 Prozent hinter etwas und liebst es mit jeder Zelle deines Körpers, solltest du dir deine Begeisterung nicht ausreden lassen. Gibt dir aber jemand einen Tipp, der sich interessant anhört, kannst du diesem gerne folgen.

> Ich bin immer offen dafür, andere Meinungen zu hören und als neutral anzusehen. Danach entscheide ich, ob ich dieser Meinung zustimme und es sich gut anfühlt oder nicht.

Kritik oder Mobbing?

Wir kennen doch alle die Hasskommentare in den sozialen Medien. Vielleicht habt ihr selbst welche erhalten oder es von anderer Seite mitbekommen. In diesem Kontext heißt es dann oft, dass in Deutschland eben Meinungsfreiheit herrsche und man deshalb schreiben dürfe, was man möchte. Doch dieses Recht auf freie Meinungsäußerung endet da, wo ein anderer Mensch in seinen Persönlichkeitsrechten verletzt wird. Dieses Prinzip gilt im realen Leben, aber eben auch in den sozialen Medien. Deshalb haben Beleidigungen und Mobbing – online wie offline – absolut nichts mit freier Meinungsäußerung und erst recht nichts mit konstruktiver Kritik zu tun.

Hier ein paar Beispiele:
1. »Dein Video ist megascheiße. Du bist hässlich und dumm.«
2. »Ich hoffe, du stirbst.«
3. »Meiner Meinung nach hat das Video nicht ganz meinen Geschmack getroffen, trotzdem sieht man, wie viel Mühe du dir gibst! Ich wünsche dir viel Erfolg mit deiner Arbeit.«

Ich würde hier die dritte Auswahlmöglichkeit bevorzugen. Wenn nach Kritik gefragt wurde, kann man gerne auf eine freundliche Art und Weise seine Gedanken teilen. In meinem Alltag schreibe ich jedoch lieber nichts, anstatt etwas Negatives zu hinterlassen. Glückliche Menschen, die mit sich selbst und ihrem Leben im Reinen sind, hinterlassen keine hasserfüllten Kommentare, da sie sich nicht über andere stellen müssen, um sich besser zu fühlen.

Und falls bestimmte Bilder Gewalt oder regelbrechende Aktivitäten darstellen, sollte dies gemeldet werden. Ein Kommentar unterstützt das schlechte Verhalten eher.

Doch warum haten Leute eigentlich?

Menschen, die sich so verhalten, sind derart unzufrieden mit ihrem Leben, dass sie überall negative Energie versprühen müssen. Bewusst oder unbewusst machen sie andere runter, um sich selbst besser zu fühlen. Oft werden auch genau die Dinge bemängelt, die man an sich selbst nicht mag. Wenn man unzufrieden mit seinem Körper ist, kann es gut sein, dass man dazu neigt, den Körper von anderen schlechtzumachen.

Neid spielt ebenfalls eine große Rolle. Sieht so eine unzufriedene Person eine schöne Frau mit langen Beinen und blonden Haaren, wird sie diese möglicherweise sofort als »Schlampe« bezeichnen, ohne dass diese jemals ein Wort mit ihr gewechselt hätte. Vielleicht ist sie eine superliebe Person, die voller Freude durch das Leben geht. Anstatt sich für sie zu freuen, macht ein neidischer Mensch sie schlecht.

Menschen, die mit sich selbst nicht im Reinen sind, haben schon immer getratscht. Sie finden verlässlich Fehler, über die natürlich sofort gelästert werden muss. Und auch wenn es uns manchmal so vorkommt, als würden sie nur über uns sprechen, ist es sehr wahrscheinlich, dass sie über so ziemlich jeden und alles herfallen. Wenn ihnen etwas nicht in ihr Bild passt, finden sie genügend Gesprächsstoff. Nimm dir ihre Lästereien nicht zu Herzen, sondern wünsche solchen Personen Zufriedenheit und Harmonie.

Versuche, dich von Mobbern zu distanzieren und dich nicht mit ihren Aussagen zu identifizieren. Diese Menschen mobben nur, weil sie eine tiefe Unzufriedenheit in sich selbst spüren, die sie an anderen auslassen. Es ist reine Zeitverschwendung, Energie dafür aufzubrauchen und sich Gedanken über die Meinung solcher Menschen zu machen. Letztendlich kann man es ihnen sowieso nie recht machen, und das muss man auch nicht!

Die Meinung der anderen ist nicht deine Realität

Jeder hat eine gewisse Vorstellung vom Leben. Die einen möchten digitale Nomaden werden, die anderen im Büro arbeiten und wieder andere wollen ins Big Business einsteigen. Jeder Weg hat seine positiven wie negativen Seiten und keiner ist die perfekte Lösung für jeden. Wenn ein digitaler Nomade sagt, dass das Büro schlecht ist, und jeder, der dort arbeitet, unglücklich ist, ist diese Aussage falsch. Genauso ist es falsch, wenn ein erfolgreicher Businessmensch meint, dass es viel zu unsicher ist, ein digitaler Nomade zu sein.

Jeder geht seinen eigenen Weg und hat seine eigenen Ziele. Macht es den Nomaden glücklich, genau dies zu tun, ist das wundervoll. Also sollte er genau diesem Weg folgen. Liebt die Person im Büro ihren Job und ist zufrieden mit den Kollegen und dem Umfeld, ist diese Wahl genau die richtige. Mag der Businessmensch etwas Großes aus dem Boden stampfen, sollte er genau das tun.

Häufig jedoch können wir den Weg des anderen nicht verstehen oder damit nicht umgehen und projizieren unsere Ängste darauf. Doch es sind *unsere* Ängste – und diese müssen nicht unbedingt auch die seinen sein. Denn wir sind alle unterschiedlich und müssen für uns einen eigenen Weg finden.

Außerdem verändert man sich auch im Leben. Es kann also sein, dass du früher einmal superglücklich im Büro warst, nach zehn Jahren jedoch nicht mehr mit Freude dabei bist und nun etwas eigenes gründen oder um die Welt reisen möchtest. Egal, welchen Weg du einschlägst, es ist immer noch *dein* Weg.

Du verfolgst ein Ziel, das deinen Mitmenschen zu unsicher erscheint oder ihnen einfach ganz grundsätzlich widerstrebt? Dann führe dir immer wieder vor Augen, dass deren Realität nicht deine Realität sein muss. Natürlich meinen die meisten es nur gut und wollen dir helfen, doch oft passiert hier genau das Gegenteil.

Falls jemand dir einen Rat gibt oder meint, deine Vorstellung und deine Ziele seien nicht die richtigen, dann reflektiere deine Gedanken und die Aussage deines Gegenübers. Gerne kannst du deine Idee überdenken. Wenn dein Bauchgefühl dir aber sagt, dass du genau das möchtest, dann verfolge dein Ziel trotzdem.

Das ist dein Leben und du hast volle Kontrolle darüber, was du gerne tun möchtest. Tu genau die Dinge, die dich erfüllen und glücklich machen! Auch wenn deine Mitmenschen meinen, es sei nicht gut für dich. Nur du weißt, was gut für dich ist!

Nun kommen wir zu deinen Aufgaben. Ohne Hausaufgaben bringen die Dinge, die du gerade erfahren hast, nämlich nicht viel. Die folgenden Aufgaben in diesem und dem nächsten Kapitel können anfangs ganz schön schwer und radikal sein, sind aber unglaublich wichtig und werden dich langfristig von deiner Abhängigkeit von der Meinung anderer befreien. Je öfter du die Übungen machst, desto einfacher wird es. Fang also langsam an und steigere dich immer mehr!

Stehe zu deinen Schwächen und mache Fehler

Jeder Mensch macht in seinem Leben mal einen oder zwei oder auch hundert Fehler. Diese Fehler sind nicht überflüssig. Sie sind dafür da, um uns die Möglichkeit zu geben, daraus zu lernen und an ihnen zu wachsen. Ich bin sehr dankbar für all die Fehler, die ich einmal gemacht habe und noch machen werde. Meistens sind es genau die doofen Dinge, die mich und wahrscheinlich auch dich weitergebracht haben.

Niemand kommt auf die Welt und kann sofort alles. Doch während wir als Kinder immer wieder alles ausprobiert, Fehler gemacht und wieder ausprobiert haben, wurden uns Fehler im Laufe des Lebens immer unangenehmer. Wie cool waren wir damals noch drauf! Wir haben nicht einmal hinterfragt, wieso wir genau hingefallen sind und ob wir wirklich weitermachen sollen. Die Gedanken »Hat das alles wirklich einen Sinn? Soll ich dieser Aufgabe nachgehen? Ich hab es so oft versucht und es hat einfach nicht geklappt« kamen uns gar nicht erst in den Sinn.

Im Schulalter lernt man dann, dass Fehler eine schlechte Note zur Folge haben und man besser keine machen sollte. Auf der Arbeit sieht das in den meisten Fällen ganz ähnlich aus. Deshalb wollen wir heute Fehler so gut wie möglich vermeiden. Manchmal fängt man auch gar nicht erst an, etwas Neues zu lernen oder schwereren Tätigkeiten nachzugehen, weil man zu viel Angst davor hat, es nicht gut zu können oder dabei zu versagen.

Doch Fehler müssen dir nicht peinlich sein. Denn je mehr du versuchst, Fehler zu vermeiden, und Dinge deshalb nicht tust, umso mehr geht dir die Möglichkeit verloren, an deinen Fehlern zu wachsen. Was hast du zu verlieren? Du kannst um Hilfe fragen oder dir mithilfe von Büchern oder dem Internet Dinge beibringen. Denn auch durch fragen lernt man Neues dazu! Sollte mal etwas nicht ganz glattgehen und jemand sich abfällig über deine Fehler oder eine Frage äußern: Was interessiert es dich? Wenn du am Ende eine gute Lösung gefunden und dazugelernt hast, haben sich doch das Fragen und die Fehler gelohnt, oder?

Oft sind jedoch wir selbst unser größter Kritiker und haben derart hohe Ansprüche an uns, wie keine andere Person sie hätte. So war es auch in meinem Fall. Während meine Familie und meine Lehrer meinten, dass ich mal einen Gang runterfahren solle und etwas mehr entspannen müsse, machte ich mir den Stress meines Lebens, um in so ziemlich allem perfekt zu sein. Jetzt kann ich sagen: Das ist supernervig. Die meiste Zeit seines Lebens damit zu verbringen, perfekt zu sein, macht einen nach einer gewissen Zeit ganz schön fertig. Denn wenn man nach Perfektion strebt, dann ist man nie zufrieden, da Perfektion ein Ding der Unmöglichkeit ist. Wenn jeder noch so kleine Fehler zu Selbsthass und Selbstzweifel führt, sollte man sich überlegen, etwas zu ändern. So habe ich mir zur Aufgabe gesetzt, Fehler zu machen. Und diese Aufgabe stelle ich nun auch dir.

PROBIER DOCH MAL:
Suche dir eine Sache raus, die du schon immer einmal ausprobieren wolltest, und tu sie einfach. Auch wenn du schlecht darin bist. Es ist sogar sinnvoll, etwas zu suchen, in dem du viele Fehler machen wirst, denn dann werden Fehler mit der Zeit normal für dich und beeinflussen deinen Selbstwert nicht mehr.

Ich habe eine Zeit lang Angst davor gehabt zu malen, da ich an jedem Bild etwas auszusetzen hatte. Irgendeiner konnte immer besser malen als ich und hatte mehr Talent. Auf jedem Bild konnte ich Fehler finden, was mich schrecklich frustrierte. Obwohl ich es liebte zu malen, hörte ich damit auf. Der einzige Grund: mein unmögliches Streben nach Perfektion. Bevor ich Stunden in etwas investierte, was mich am Ende unglücklich machte, wollte ich es einfach nicht mehr tun.

Vor einiger Zeit habe ich wieder mit dem Malen angefangen. Diesmal ohne Druck und Stress. Mache ich nun einen Fehler, ist das zwar doof, aber am Ende fällt es doch sowieso keinem auf. Außerdem ist das Malen ein Hobby und keine Lebensaufgabe. Hobbys sind dazu da, uns Freude zu bereiten, und nicht, um Stress zu verursachen. Das gilt auch für das Tanzen, Singen, Videos- und Fotos-Machen oder alles, was du gerne tun würdest.

Du kannst dir für diese Aufgabe gerne ein Hobby deiner Wahl raussuchen. Vielleicht ist es etwas, das ich aufgezählt habe, oder auch etwas ganz anderes. Das Wichtigste hierbei ist nun, Fehler zu machen. Mach ganz viele! Nach einiger Zeit wirst du merken, dass es gar nicht so schlimm ist, nicht perfekt zu sein.

Ich habe mich entschieden, diesem Hobby nachzugehen:

_____

_____

Aus diesem Grund habe ich mich dafür entschieden:

_____

_____

_____

_____

Deshalb habe ich es früher nicht getan:

_____

_____

_____

_____

Warum sind diese Fehler möglicherweise gar nicht schlimm?
(Beispiel: Wenn ich mich vermale, macht es das Bild einzigartig.)

_____

_____

_____

_____

Wiederhole diesen Satz drei Mal in deinem Kopf: »Ich bin gut, so
wie ich bin, und ich lerne durch Fehler!«

Seitdem ich meinem neuen Hobby nachgehe, geht es mir so:

Das habe ich gelernt:

Diese Fehler habe ich gemacht:

So habe ich mich dabei gefühlt:

Das hat mir besonders Spaß gemacht:

Das will ich in Zukunft noch anpacken:

Hör auf, es allen recht zu machen

Wenn du eine Person bist, die immer für alles und jeden springt, die durchgehend ein offenes Ohr hat, die auch mitten in der Nacht erreichbar ist und die mehr Zeit damit verbringt, sich um andere zu kümmern als um sich selbst, bist du herzlich willkommen in der Gruppe der Helfer. Zu dieser Gruppe gehören auch ich und viele Personen, die ich bisher kennengelernt habe. Wir werden oft als »viel zu nett« und »zu gut für diese Welt« bezeichnet. Wir sind immer der erste Ansprechpartner, wenn irgendjemand Hilfe braucht. Wir helfen auch den Leuten, die sich nur bei uns melden, wenn sie Hilfe brauchen.

Damit ist jetzt Schluss!

Doch keine Sorge! Diese Aufgabe macht dich nicht zu einem Menschen, der nur auf sich schaut und ab sofort für niemanden mehr da ist. Nein, sie hilft dir, zu einer hilfsbereiten Person zu werden, die auch für sich selbst einsteht.

Ich kenne die Gedanken, die dir so durch den Kopf schwirren, wenn dich jemand um Hilfe bittet, aus eigener Erfahrung. »Ich bin doch kein schlechter Mensch, klar helfe ich! Auch wenn ich gerade für eine superwichtige Prüfung lernen muss und absolut keine Zeit habe.« – »Natürlich helfe ich dir bei dieser Frage. Das könntest du zwar leicht selbst googeln, aber vielleicht geht bei dir das WLAN ja gerade nicht.«

Oft geben wir anderen unglaublich viel, vergessen dabei aber uns selbst. Doch auch wenn wir diese Menschen sehr gern haben, können wir nicht unsere komplette Energie hergeben, bis wir am Ende sind. Ich war schon häufiger in dieser Lage und irgendwann wurde mir bewusst:

> Ich liebe diesen Menschen. Ich liebe aber auch mich, und daher werde ich jetzt auch auf mich achten.

Manchmal ist es schwer zu unterscheiden zwischen Menschen, die wirklich Hilfe brauchen, und jenen, die einfach faul sind. Nicht zu vergessen die Trennung zwischen jenen, die auch immer für dich da wären, und den anderen, die nur Kontakt zu dir haben, um – bewusst oder unbewusst – deine Hilfsbereitschaft auszunutzen.

Ich kannte einmal eine Person, nennen wir sie X, die mich immer nur kontaktierte, wenn sie Hilfe brauchte. Da ich natürlich sehr naiv war, war ich davon überzeugt, wir führten eine supercoole Freundschaft, schließlich trafen wir uns oft und verbrachten sehr viel Zeit miteinander. Doch nach einiger Zeit fiel mir auf, dass ich den größten Teil unserer Treffen damit verbrachte, bei irgendwelchen Problemen zu helfen. Denn anstatt Dinge selbst zu recherchieren, zu lernen oder eine eigene Lösung zu suchen, nahm X den schnellsten und einfachsten Weg: mich.

Ich dachte über unsere Treffen, unsere gemeinsamen Unternehmungen nach und mir wurde klar: Ich wurde benutzt. Schließlich sprach ich X darauf an, dass ich mich ausgenutzt fühlte, und zählte all die Dinge auf, die mich störten. X verstand mich nicht, doch entschuldigte sich und versprach, in Zukunft mehr darauf zu achten. Danach ging es genauso weiter wie zuvor. X nutzte mich weiter aus, ohne sich dessen bewusst zu sein. Es half nichts. Ich brach den Kontakt ab.

Ein anderes Beispiel: In den letzten Jahren sind immer wieder Menschen auf mich zugekommen mit der Bitte, für ihre Projekte, Seminare, Produkte Werbung zu machen. Du kannst dir nicht vorstellen, wie viele Menschen ich unterstützt habe, nur um sie nicht zu verletzen. Bei Freunden war das Ganze für mich eine Selbstverständlichkeit. Die meisten Anfragen kamen jedoch von Menschen, die ich kaum kannte, allenfalls für fünf Minuten getroffen hatte und die den Kontakt mit mir nur hielten, um über mich Kunden zu gewinnen.

Das Muster – so einfach wie durchschaubar: Alle paar Monate kommt eine Nachricht, die damit anfängt, wie toll ich alles mache und wie begabt ich doch bin. Darauf folgen die Erklärung des neuen Projekts und die Frage, ob ich dafür werben könne, und am Ende gab es wieder einige Komplimente. Das Ganze nennt sich übrigens die »Sandwich-Methode«. Diese wird oft angewendet, um Menschen auf eine liebe Art und Weise etwas Schlechtes mitzuteilen oder sie zu etwas zu überreden. Wirkliches Interesse an mir hatten diese Personen jedoch nicht.

Solltest du auch einen dieser »Freunde« haben, die dich nur kontaktieren, falls sie deine Hilfe brauchen, wäre es ratsam, den Kontakt zu überdenken. Ein paar von diesen Menschen habe ich dann auch ganz offen mitgeteilt, dass ich gemerkt habe, dass sie sich nur melden, wenn sie meine Unterstützung brauchen, und nicht wirklich an mir als Mensch interessiert sind. Seitdem erhalte ich solche Anfragen nicht mehr. Falls ich trotzdem Nachrichten erhalte, ignoriere ich sie einfach. Wahre Freundschaft besteht aus einem Geben und Nehmen. Freunde interessieren sich dafür, wie es dir geht, und helfen dir, wenn auch du mal Hilfe brauchst. Die Menschen, die immer nur nehmen und nie geben, rauben uns unsere Energie und Lebenszeit.

> Denke bewusst darüber nach, wer von deinen Bekannten ein wirklicher Freund und wer ein Energiezieher ist.

Am Anfang ist es sehr schwer, »Nein« zu sagen. Wenn es dir aber gelingt, dann hast du viel mehr Zeit, für dich selbst und die Menschen, denen du wirklich helfen willst. Es bringt nichts, Energiezehern immer wieder Energie zu geben. Wie schwarzen Löchern wird es ihnen nie genug sein – und es wird auch nie etwas zurückkommen. Natürlich wollen wir niemanden verletzen und gute Menschen sein. Doch es macht uns nicht automatisch zu bösen Menschen, wenn wir uns entscheiden, unsere Zeit und Lebensenergie weise zu nutzen.

Und bitte verstehe mich nicht falsch: Es kann wundervoll sein, etwas zu geben, ohne etwas zurückzubekommen. Hilfsbereitschaft ist eine tolle Charaktereigenschaft und wir brauchen Menschen, die hilfsbereit sind. Das sollte man aber aus reinem Herzen tun und nicht, weil man sich von jener großen Angst, Menschen zu verletzen oder zu enttäuschen, dazu gezwungen fühlt.

Solche Gespräche können vor allem anfangs viel Überwindung kosten, denn diese Diskussionen sind nie wirklich leicht und oft mit vielen Emotionen verbunden. Wenn du dich in einer Situation überfordert fühlen solltest, versuche, dir diese Situation als Außenstehender vorzustellen. Alles mit etwas neutraler Distanz anzusehen, kann dir helfen, nicht zu emotional zu werden und möglicherweise Dinge zu sagen, die du danach bereust. Gleichzeitig vermeidest du so, vielleicht nicht mit genügend Nachdruck für deine Interessen einzustehen. Stelle dir also vor, wie du reagieren würdest, wenn du gelassen bleibst, und kopiere diese Verhaltensweise. Atme durch, glaube an dich und deine Worte und stehe zu den Dingen, die du sagst.

PROBIER DOCH MAL:
Gehe all deine Kontakte durch und überlege, welche von diesen Menschen wahre Freunde und welche Energiezieher sind. Brich den Kontakt zu den Menschen ab, die immer nur deine Hilfe wollen, aber nicht an dir als Mensch interessiert sind, auch wenn am Ende nur wenige übrig sind. Entscheide dich dafür, nur mit den Menschen Zeit zu verbringen, die dir guttun und dich in deinem Leben unterstützen.

Diese Menschen sind meine Freunde:

_____

_____

Diese Menschen sind Energiezieher:

_____

_____

Das werde ich das nächste Mal tun, wenn mich ein Energiezieher um Hilfe bittet:

_____

_____

Das werde ich tun, um mehr auf meine Bedürfnisse zu achten:

_____

_____

Dieser Satz soll mich an mein Ziel erinnern:

_____

_____

Das wünsche ich mir für mich:

_____

_____

Mit diesen Menschen habe ich den Kontakt abgebrochen:

So habe ich mich dabei gefühlt:

In dieser Situation war ich besonders stark:

Hier habe ich jemandem aus reinem Herzen geholfen:

Diese Menschen haben mir geholfen:

Das möchte ich noch verbessern:

Behalte deine eigene Meinung

Früher wollte ich Menschen aus Angst vor Konfrontationen nie widersprechen. Also stimmte ich bei Dingen zu, von denen ich absolut nichts hielt, und war Teil von Freundeskreisen, in die ich gar nicht passte. Ich tat es meist, um niemanden zu verletzen, und auch, um mich zu schützen. Wenn ich eine beste Freundin hatte, blickte ich meist zu ihr auf. In meinem Kopf war sie das, was ich werden wollte, deshalb traute ich mich auch nicht, zu meiner Meinung zu stehen. Ich wollte, dass sie mich mag und dass ich eine perfekte Freundin für sie bin. Meinungsverschiedenheiten oder gar ein Streit waren für mich der pure Stress, also ging ich allem so gut es ging aus dem Weg. Leider landet man in dem Fall an einem Punkt, an dem man sich fragt, wer man eigentlich selbst ist.

Vor ein paar Jahren beschloss ich, nicht mehr einfach nur den Mund zu halten, sondern zu meiner eigenen Meinung zu stehen – ohne den Versuch zu unternehmen, den anderen unbedingt davon zu überzeugen. Ich sagte: »Ich akzeptiere deine Meinung, doch habe selbst eine andere.« Ich verwendete diesen Satz immer, wenn jemand eine Diskussion mit mir anfangen wollte über ein Thema, bei dem ich eine andere Ansicht hatte, hinter der ich zu 100 Prozent stand. Diese Methode hat in den meisten Fällen super funktioniert und so schaffte ich es, Diskussionen zu führen, ohne mich einer anderen Person anzupassen, um diese zufriedenzustellen.

Auch du kannst zu deiner Meinung stehen, auch wenn diese nicht mit den Ansichten deines Gegenübers übereinstimmt. Immer klein beizugeben, kann auslaugen und Selbstzweifel erzeugen. Stehe zu deiner Meinung und lasse dich nicht von deinem

Weg abbringen. Versuche jedoch auch nicht andersrum, den anderen um jeden Preis von deiner Meinung zu überzeugen. Nutze vor allem auch die Möglichkeit, auch einmal eine andere Perspektive einzunehmen und neue Eindrücke zu bekommen.

PROBIER DOCH MAL:
Akzeptiere Meinungen anderer,
stehe aber auch zu deiner eigenen Meinung.

Deshalb ist meine Meinung wichtig:

_____

_____

_____

Ich bin stolz auf meine Meinung, weil:

_____

_____

_____

Deshalb habe ich oft nicht auf meine Meinung geachtet:

_____

_____

_____

Dieser Satz soll mich an meine Stärke erinnern:

_____

_____

_____

So reagiere ich von nun an in Diskussionen:

_____

_____

_____

In dieser Situation habe ich versucht, zu meiner Meinung zu stehen:

So habe ich reagiert:

Dies war die Reaktion meines Gesprächspartners:

So habe ich mich nach dem Gespräch gefühlt:

Dieser Satz war besonders:

Das könnte ich noch verbessern:

Denke nicht mit den Köpfen anderer

Wie oft erleben wir Situationen, die uns stundenlang darüber nachdenken lassen, ob wir anders hätten reagieren sollen, was die andere Person jetzt wohl über uns denkt oder ob sie sich nun eine schlechte Meinung über uns gebildet hat.

Hier ist zunächst erst einmal wichtig, sich daran zu erinnern, dass die Vergangenheit, wie es der Name schon sagt, vergangen ist. Es ist vorbei, also kann es nicht verändert werden. Unzählige Male habe ich alte Gespräche komplett neu erfunden und Szenen in meinem Kopf entwickelt, die nie real waren und es auch nie sein werden. Man kann die Zeit nicht zurückdrehen und man kann auch nicht Vergangenes ändern. Sich über die Vergangenheit Gedanken zu machen und zu überlegen, wie es hätte besser laufen können, raubt einem die Zeit, im Jetzt zu leben. Natürlich kann man daraus wertvolle Lehren für die Zukunft ziehen. Doch wenn wir ehrlich sind, sind wir doch meist gefangen im Strudel von Gedanken, die uns nicht weiterbringen, sondern eher unsere Energie rauben.

Nicht zu vergessen, dass wir in der Regel gar nicht wirklich wissen, was die anderen denken. Wir können darüber nur Vermutungen anstellen. Ich habe schon Stunden, wenn nicht sogar Wochen damit verbracht, mir Gedanken darüber zu machen, was jemand anderes von mir vielleicht denkt. Wir denken uns die Gedanken von anderen aus und stellen uns vor, was in deren Köpfen vorgeht. Dabei denken diese Personen im Zweifel gar nicht darüber nach, wie langweilig ich doch bin, sondern nur darüber, was sie denn heute zu Mittag essen sollen. Denn in den meisten Fällen machen sich die anderen Personen gar nicht so viele Gedanken über einen, wie man es sich vorstellt. Und selbst wenn dies der Fall wäre: Was berührt es dich? Ist es nicht viel wichtiger, was *du* über dich denkst?

Es macht also gar keinen Sinn, sich so viel Gedanken über die vermeintlichen Gedanken anderer zu machen. Du wirst niemals wirklich in deren Köpfe sehen können! Ein komischer Blick, eine seltsame Reaktion kann eine ganz andere Ursache haben oder gar nichts bedeuten. Mache dir auch nach Gesprächen keinen Kopf um jede Aussage und alle Gesichtszüge deines Gegenübers. Denn all deine Gedanken verändern nichts als deinen Selbstwert und die Gefühle, die du zu dir selbst spürst.

PROBIER DOCH MAL:
Solltest du dir Gedanken über die Gedanken einer Person machen, sage dir: »Das ist Schwachsinn. Erstens: Die Handlung ist abgeschlossen. Zweitens: Ich denke mir vieles nur aus.« In diesem Kontext kann es hilfreich sein, dir positive Gedanken auszudenken, um mit einem besseren Gefühl von den Meinungen anderer, die du dir ausgedacht hast, loszukommen.

Deshalb habe ich mir Gedanken gemacht:

_____

_____

Das hat mir geholfen, diese Gedanken fallen zu lassen:

_____

_____

So werde ich in Zukunft mit solchen Gedanken umgehen:

_____

_____

Das werde ich tun, um mehr auf mich zu achten:

_____

_____

Dieser Satz hilft mir dabei:

_____

_____

Das ist mein Ziel:

_____

_____

In dieser Situation habe ich mir wieder willkürlich Gedanken anderer ausgedacht:

_____

_____

_____

So bin ich mit diesem Gedanken umgegangen:

_____

_____

_____

So habe ich mich dabei gefühlt:

_____

_____

_____

So möchte ich in Zukunft reagieren:

_____

_____

_____

Trau dich!

> Der einzige Weg, Angst loszuwerden, ist, genau das zu tun, wovor man Angst hat.

Hast du vielleicht Angst, einen neuen Style auszuprobieren, weil du Angst vor den Reaktionen der anderen hast? Oder fürchtest du dich davor, du selbst zu sein, weil deine Mitmenschen dich dann vielleicht nicht mehr mögen? Hast du Angst, zu tanzen und zu singen, aus Furcht vor den Augen und Ohren der anderen? Oder fehlt dir der Mut, hinter deiner eigenen Meinung zu stehen?

Solche Ängste sind sehr gut nachvollziehbar. Wir wachsen in dem Bewusstsein auf, dass wir uns an andere Menschen anpassen müssen, um dazuzugehören, um gut zu sein. Wenn wir also nicht in die Norm passen und etwas anders sind, sehen die meisten dies als »Fehler« an, während genau diese Eigenheiten uns doch so besonders machen. Egal, ob du gerade aus deinem alten Ich herauswächst oder endlich einfach du selbst sein möchtest: Ich kann dir versprechen, dass keine Eigenschaft an dir eigenartig ist oder du dich dafür schämen müsstest.

Trotzdem ist es verständlich, dass es anfangs schwerfällt, dem Weg, den man gehen möchte, zu folgen. Doch die einzige Art und Weise, dies zu schaffen, ist, sich seiner Angst zu stellen. Keine Panik! Du musst jetzt nicht Hals über Kopf ins kalte Wasser springen. Die Schritte, die du gehen möchtest, kannst du komplett selbst bestimmen. So kannst du dir ein Jahr Zeit lassen oder auch zehn Jahre. Es kommt nicht darauf an, wie schnell du dich überwinden kannst, sondern dass du es überhaupt mal tust. Fang also gerne langsam an.

Vielleicht möchtest du endlich zu deiner Sexualität stehen, deinem eigentlichen Traumberuf nachgehen oder deine langjährige

Beziehung beenden, die dich nicht mehr glücklich macht, hast aber Angst vor den Reaktionen deines Umfelds. Dann fang mit kleinen Schritten an. Werde dir selbst bewusst, dass du für dich lebst und deinen Träumen folgen sollst, rede mit einer Person deines Vertrauens und gehe kleine Schritte zu deinem Ziel. Diese Art und Weise des Wachsens lässt sich auf die meisten Lebensbereiche anwenden, deine Arbeit, ein neues Hobby, deine Beziehungen oder was auch immer du dir erträumst. Fang mit einem kleinen Schritt an und gehe immer weiter, bis du die Veränderung vollkommen umgesetzt hast.

Je mehr du tust und je größer die Schritte werden, desto mehr wirst du bemerken, dass die Panik, die du davor gespürt hast, völlig grundlos war. Außerdem wächst ein Gefühl des Glücks in dir, weil du endlich den Dingen folgst, die du für dich selbst willst.

Natürlich kann es sein, dass Menschen das nicht verstehen und manche dies vielleicht auch nicht unterstützen. Doch echte Freunde lieben dich für genau das, was du bist. Sie wollen nicht eine Vorstellung von dir toll finden, sondern dein wahres Ich. Das Problem, das auftritt, wenn man sich zu sehr anpasst, ist nämlich genau das: Man verkörpert etwas, das man nicht ist. Je mehr du zu dir selbst findest und deinen Träumen und Vorstellungen folgst, desto mehr Gleichgesinnte wirst du finden. Die besten Freundschaften entstehen doch genau dann, wenn man hundertprozentig man selbst ist.

> **PROBIER DOCH MAL:**
> Stelle dich deiner Angst und komme deinem wahren Ich Schritt für Schritt näher. Nimm dir gerne dafür so viel Zeit, wie du möchtest.

Diese Dinge machen mir momentan noch Angst:

_____

_____

Dies wird mein erster Schritt sein:

_____

_____

Ich möchte das, weil:

_____

_____

So werde ich mich fühlen, wenn ich dem folge:

_____

_____

Dieser Satz soll mir gegen meine Angst helfen:

_____

_____

Das möchte ich erreichen:

_____

_____

Diesen Schritt habe ich gewagt:

_____

_____

_____

So habe ich mich gefühlt:

_____

_____

_____

So weit bin ich schon auf meinem Weg gekommen:

_____

_____

_____

Diese schönen Momente sind durch mein wahres Ich entstanden:

_____

_____

_____

Dies sind meine nächsten Schritte:

_____

_____

_____

CHECKLISTE

Ich habe in den letzten Wochen ...

... zu mir selbst gestanden. ◯

... mich getraut, »Nein« zu sagen. ◯

... mich meinen Ängsten gestellt. ◯

... etwas Neues getan. ◯

... Stärke empfunden. ◯

... mir keine Gedanken über die Meinung anderer gemacht. ◯

... meine Zeit bewusster genutzt. ◯

... mich gut gefühlt. ◯

... Stolz empfunden. ◯

... eine andere Meinung akzeptiert. ◯

... meine Meinung nicht für jemand anderen geändert. ◯

... an mich geglaubt. ◯

... auf meine Gefühle gehört. ◯

... im Jetzt gelebt. ◯

... etwas getan, was mir sonst immer zu peinlich war. ◯

... Kritik angenommen, mich aber nicht beeinflussen lassen. ◯

... Energiezieher aus meinem Leben entfernt. ◯

... eine bewusste Diskussion geführt. ◯

Kleine Gedanken zum Ende des Kapitels

Affirmation

Wenn jemand Kritik äußert, bin ich offen für die Meinung dieser Person, bin mir aber auch meiner eigenen Realität bewusst. Genau wie andere darf auch ich meine Meinung äußern und dazu stehen. Diese wird genauso akzeptiert, wie ich die Meinung anderer akzeptiere. Meine Meinungen und Ansichten sind wichtig, und ich stehe selbstbewusst dazu. Meine Gedanken und meine Zeit sind wertvoll. Daher fülle ich sie mit positiver Energie und wende sie weise an.

Ich bin gut, so wie ich bin, auch wenn andere daran zweifeln. Mein Selbstbewusstsein stärke ich täglich, indem ich zu mir stehe und meinen Träumen und Zielen folge. Dadurch ziehe ich Menschen in mein Leben, die mich so lieben, wie ich bin, und eine ähnliche Sicht auf das Leben haben. Für Dinge, die mir Freude bereiten, nehme ich mir Zeit, da es wertvoll ist, meine Zeit für mich zu investieren. Gerne nehme ich mir auch Zeit für meine Freunde und Familie, um ihnen zu helfen. Wenn ich mich aber nicht danach fühle und »Nein« sage, bin ich trotzdem ein guter Mensch.

Meine Nachricht an dich

Nach diesem Kapitel wünsche ich mir für dich, dass du etwas freier bist in deinem Sein und dass du deinen Träumen etwas näher gekommen bist. Vielleicht hast du dadurch von einigen Menschen Abschied genommen und neue dazugewonnen, die dein Leben bereichern. Ich erhoffe mir für dich Stärke, Mut und Selbstbewusstsein in deinem Denken und Handeln.

Fülle diese Seiten mit deinen Gedanken zu diesem Kapitel

»Werde mit dir
selbst glücklich.«

KAPITEL 7

Das Beste werden, was dir je passiert ist

Heile deinen Körper

Unser Leben lang sehen wir neue Orte, lernen wir neue Menschen kennen, erleben wir neue Dinge, doch eins bleibt immer gleich. Wir leben immer in dem gleichen Körper und werden nie in einem anderen leben können. Er ist sozusagen unser Zuhause. Doch was passiert, wenn wir uns in einem Zuhause unwohl fühlen, es schlechtmachen und mit negativer Energie füllen? Wir werden unglücklich. Wenn wir uns an einem Ort nicht wohlfühlen, können wir einfach gehen. Doch da dieser Körper an uns haftet, können wir ihm nicht entfliehen.

Trotzdem versuchen es viele Menschen. Sie versuchen, ihre Körper anders aussehen zu lassen, sie trainieren, um den Po eines bestimmten Stars zu bekommen, oder überschminken ihre natürliche Haut, um anders, in ihren Augen besser, auszusehen. Doch es ist egal, wie viel wir äußerlich verändern und welche »Perfektion« wir zu erreichen versuchen. Wir werden immer Fehler finden. Das Problem ist nämlich nicht, dass wir zu dicke Beine haben oder unsere Haare nicht voluminös genug sind. Das Problem liegt ganz tief in uns versteckt. Mit äußerlichen Änderungen können wir kurzzeitige Genugtuung erreichen, aber nicht vollständige Zufriedenheit. Denn die ist etwas, das von innen kommt.

> Eine äußerliche Veränderung wird nie genug sein, um dich voll und ganz zu lieben. Wahre Liebe entsteht durch innere Arbeit.

Um unseren Körper lieben zu können, müssen wir uns bewusst machen, was unser Körper eigentlich ist. Zu lange haben wir ihn auf eine Sache reduziert: Schönheit. Doch dadurch haben wir seine eigentliche Funktion, seinen wirklichen Nutzen völlig außer Acht gelassen. Jeder Teil unseres Körpers hat eine bestimmte Funktion und einen Grund, an dieser Stelle diese Form zu haben. Wir brauchen Füße und Beine zum Laufen, die Nase zum Riechen, die Augen zum Sehen, die Arme zum Heben von Dingen, sogar das »so schreckliche« Fett hat seine Aufgabe, die inneren Organe zu schützen und das Sitzen bequemer zu machen. Alles hat seinen bestimmten Nutzen. Doch diesen Nutzen vergessen wir, wenn es uns nur noch um das Aussehen eines Körperteils geht. Wir reduzieren uns und unseren Körper auf Ideale und Schönheit.

Wäre es nicht viel besser, dem Körper mal Ruhe zu gönnen, ihm endlich Liebe zu geben, um Vergebung zu bitten und ihm mehr Spaß zu erlauben? Wie in jeder Beziehung, ist die Beziehung zu deinem Körper harte Arbeit und braucht Zeit.

Mache dir gerne jetzt ein paar Gedanken zu den Worten, die du gelesen hast, und schreibe einen Brief an deinen Körper, um die Beziehung zu ihm vom reinen Schönheitswahn zu lösen und damit auf ein ganz neues, besseres Niveau zu heben. Denn für eine gute Zusammenarbeit mit deinem Körper ist es nie zu spät!

PROBIER DOCH MAL:
Schreibe einen Brief an deinen Körper, um die Energie zu heilen.

Hier ein Beispiel:

Lieber Körper,

ich danke dir, dass du jeden Tag die Kraft findest, mich durch meinen Tag zu begleiten. Danke, dass du mir die Möglichkeit gibst, all die schönen Dinge dieser Erde zu erleben und zu genießen. Ich bin dankbar für das warme und wohlige Gefühl bei einem heißen Bad, den erfrischenden Geschmack einer Wassermelone an heißen Sommertagen, den Geruch meiner Lieblingsblumen, die Umarmungen eines Freundes und all die anderen Dinge, die zu erleben du mir erst möglich machst.

Es tut mir unendlich leid, dass ich dir jahrelang den unfassbar guten Geschmack von Kräuterbutterbaguette verwehrt habe aus Angst, ich könnte davon zunehmen. Ich entschuldige mich für die Tage, an denen du schwach warst und ich dich trotzdem gezwungen habe, Sport zu treiben und dich zu überanstrengen. Ich hoffe, du verzeihst mir all die bösen Worte, die ich zu dir gesagt habe, und all die Gedanken, die ich über Jahre gedacht habe.

Von nun an möchte ich dir und mir die Liebe geben, die wir verdienen, und mir Zeit nehmen, damit es uns gut geht.

Ich liebe dich.
Ich liebe mich.

Platz für deinen Brief an deinen Körper

Mit deinem Brief legst du den Grundstein für eine neue, bessere Beziehung zu deinem Körper. Ihr fangt wieder ganz von vorne an. Diesmal mit mehr Liebe, Zusammenarbeit und Akzeptanz.

Fülle diese Seite aus.

So denke ich über meinen Körper:

So würde ich gerne über meinen Körper denken:

Hierfür bin ich meinem Körper dankbar:

Deshalb bin ich schön:

Das macht meinen Körper einzigartig:

So denke ich jetzt über meinen Körper:

_____

_____

_____

_____

Das habe ich dazugelernt:

_____

_____

_____

_____

Das hat sich am meisten verändert:

_____

_____

_____

_____

Heile dein Denken

Deine Gedanken kreieren dein Ich, dein Leben und beeinflussen, wie du die Welt siehst. Wenn du dein Umfeld eher negativ als positiv bewertest, wird es in deinen Augen auch genau so sein. All deine Gedanken sind Energien, die du ausstrahlst und die auch wieder zu dir zurückkommen. All die Dinge, die wir jeden Tag bewerten, sind im Grunde neutral und nur durch unsere Wertung weisen wir ihnen eine gewisse Energie zu. Sobald du dir das bewusst gemacht hast, bekommst du mehr Kontrolle über deine Wahrnehmung und die Gefühle, die deine Gedanken auslösen.

In der Zeit meiner Essstörung dachte ich immer, ich sei dick. Egal, wie viel ich abnahm, ich sah mich immer als extrem kräftig an und verglich mich mit Menschen, die dünner oder sogar dicker waren, und bezeichnete diese als viel schöner als mich. Freunde, die drei Größen größer als ich trugen, sah ich als schlanker an und wollte deren Körper haben. Heute, viele Jahre später, schaue ich mir Fotos von früher an und bin schockiert über meine Gedanken von damals, sie entsprachen nämlich nicht der Realität. Der Grund, weshalb ich mich damals dennoch als dick empfand? Eine gestörte Wahrnehmung meiner selbst. Ich habe mir gewisse Wertungen so oft eingeredet, dass sie zu meiner Realität wurden und ich nur noch das gesehen habe.

Dieses Phänomen gibt es sehr oft! Wir sehen uns komplett anders, als wir wirklich sind. Und wir sind wiederum ganz anders, als wir glauben, von den anderen Menschen wahrgenommen zu werden! Während wir die Pickel sehen, blicken unsere Mitmenschen auf unsere strahlenden Augen. Wir ärgern uns jahrelang über Dehnungsstreifen, die unsere Freunde und Familie nicht einmal bemerkt haben.

Mal ehrlich: Wenn du deine Freunde anschaust, machst du dir da Gedanken über die Dehnungsstreifen auf ihren Beinen und Hüften? Nein, weil kaum jemand das macht. Wir selbst sehen an uns Dinge, die niemals jemand bemerken würde, und fokussieren uns so stark darauf, dass wir alles andere ausblenden und nur noch das Negative sehen. Mein eines Auge ist zum Beispiel viel kleiner als das andere. Mich hat das bisher auf Fotos immer gestört. Hat mir jemals jemand gesagt, dass das eine Auge kleiner ist als das andere? Nö. Die sehen da nur zwei ganz normale Augen.

Aber es kann natürlich auch genau andersherum laufen, nämlich dass jemand etwas an dir entdeckt, was dir nie aufgefallen ist. Und plötzlich siehst du nur noch diesen »Fehler«, obwohl er vorher noch nie in deinem Kopf war. Tatsächlich ist mir das mit meinen Ohren passiert. Das eine Ohr sitzt höher als das andere. In der Schule ist das einer Freundin aufgefallen. Sie hat sich darüber ein bisschen lustig gemacht, ich habe versucht mitzulachen, und danach war es vergessen. Zumindest war es vergessen für meine Freunde, denn ab dem Punkt ist mir immer wieder aufgefallen, wie eigenartig doch meine Ohren stehen. Bis ich mich gefragt habe, warum ich mir darüber ernsthafte Gedanken mache. Erstens: 15 Jahre lang war mir der Fehlstand meiner Ohren nicht aufgefallen. Hätte es mir keiner gesagt, wäre es mir wohl nie aufgefallen. Warum sollte ich mir also einen Kopf darum machen? Zweitens konnte ich daran sowieso nichts ändern. Was sollte ich also meine Zeit damit verschwenden, über solche Dinge nachzudenken? Drittens lag es an mir, ob ich aus meinen schiefen Ohren jetzt ein Drama – oder einen Grund zum Feiern machte. So bescheuert es sich anhört, wenn jetzt das Thema Ohren im Gespräch ist, erwähne ich gerne hie und da mal, dass sie nicht die gleiche Höhe haben. Dann schauen alle darauf, sehen es auch, finden es witzig und wir lachen kurz alle zusammen.

Ich stehe heute dazu, diese Ohren und Augen und alle möglichen »Fehlstellungen« zu haben, denn diese machen mich zu der Person, die ich eben bin. Anstatt es unbedingt ändern zu wollen und mich dafür zu schämen, gehe ich raus und zeige es selbstbewusst. Denn egal, welche »Fehler«, welche Körpergröße und welches Gewicht und Aussehen man hat: Wird es selbstbewusst präsentiert, kann alles attraktiv sein. Sieh deine Dehnungsstreifen als sexy Tigerstreifen an, deine wuscheligen Haare als Mähne und deine kräftigen Beine als heiße Kurven. Was auch immer dich bisher an dir gestört hat, kann mit ein paar einfachen Adjektiven eine komplett andere Bedeutung bekommen!

PROBIER DOCH MAL:
Wenn du das nächste Mal vor dem Spiegel stehst und etwas an dir bemängelst, finde einen guten Aspekt daran und beschreibe diese Stelle deines Körpers mit Dankbarkeit und Liebe.

Du hast dir so lange schlechte Gedanken eingeredet, dass sie zu deiner Realität geworden sind. Nun ist es Zeit, dankbar für genau die Dinge zu sein, die du bisher kritisiert hast, und umzudenken. Trainiere dir mit dieser Übung dein neues Denken an. Jedes Mal, wenn ein schlechter Gedanke kommt, muss ein guter folgen. Das kann so aussehen: »Meine Beine sind zu dick!« Wird zu: »Ich bin dankbar für meine starken und kräftigen Beine, da sie mich jeden Tag durch die Welt tragen.«

Wenn du dieser Aufgabe für eine Woche nachgehst, siehst du, wie oft du eigentlich schlecht über dich denkst, und lernst, das Schlechte mit neuen positiven Gedanken zu überschreiben, bis das Negative nicht mehr existiert.

Eine andere Möglichkeit, um deinem Körper mehr Liebe und Wertschätzung entgegenzubringen, ist, Selbstliebe-Aufgaben in deinen konkreten Tagesablauf einzubauen. Du cremst dich vor dem Zubettgehen oder nach dem Duschen ein? Das ist der perfekte Moment, deinem Körper etwas mehr Liebe zu geben. Nimm also, statt dir beim Eincremen über alltägliche Dinge Gedanken zu machen oder nach »Fehlern« an deinem Körper zu suchen, diesen Moment ganz bewusst wahr und sprich zu dir und deinem Körper voll Liebe. Finde an jedem Körperteil, das du eincremst, tolle Aspekte. Diese müssen nicht immer nur mit dem Aussehen zusammenhängen, sondern können auch gerne seinen Nutzen und deine Dankbarkeit dafür ausdrücken.

Wenn du gerade bei deinen Füßen bist, kannst du in deinem Kopf Sätze wie den folgenden wiederholen: »Meine Füße sind wundervoll, da sie mich jeden Tag tragen. Ich bin dankbar für meine Zehen, die mich stabilisieren und mir Halt geben. Ich liebe meine Füße, weil sie zierlich sind. Meine Füße sind toll, weil sie schön geformt sind.« So fängst du bei den Füßen an und wanderst dann den ganzen Körper hinauf.

Je öfter du diese Übung machst, desto schneller und einfacher fallen dir Aspekte ein. Nimm dir diese zehn Minuten ganz allein für dich und konzentriere dich auf deinen Körper und die Liebe, die du zu ihm spürst!

Liste in der ersten Spalte Stellen und Eigenschaften deines Körper aufs, über die du schlecht denkst, und schreibe die positiven Aspekte dahinter in die zweite Spalte.

Fülle die dritte Spalte erst in einer Woche aus. Schreibe dort nun auf, was du nun über die vermeintlich schlechten Eigenschaften und Stellen deines Körpers denkst.

Meine Arme sind zu dick.	Meine Arme sind stark.	Meine Arme ermöglichen es mir, Dinge zu tragen.

Erkenne: Medien sind keine Realität!

Es macht nicht wirklich Spaß, die Bilder und Videos von Menschen in den sozialen Netzwerken, im Fernsehen oder auf Plakaten zu betrachten und sich damit zu vergleichen. Wir sehen Frauen mit Kurven, die trotzdem an den »richtigen« Stellen schlank sind. Haare, die lang, seidig und komplett ohne Spliss in der Sonne glänzen, und Zähne, so weiß, dass sie einen schon fast blenden.

Doch die meisten Fotos werden in einem guten Licht gemacht, mit einem perfekt sitzenden Make-up und den passenden Posen, die die Figur zum Teil komplett anders wirken lassen. Viele der Bilder, die wir täglich sehen, sind zudem professionell aufgenommen und dementsprechend retuschiert und bearbeitet worden. Für Leute, die keine professionelle Hilfe bekommen, gibt es kostenlose Apps, die jeden noch so kleinen Pickel, eine etwas krumme Nase und die dünnen Lippen innerhalb von wenigen Minuten komplett verändern können. Erst wenn das Bild am Ende makellos ist, kann es in der Öffentlichkeit gezeigt werden. Ein paar Minuten später sehen dann Menschen wie du und ich das Endergebnis und schreiben Kommentare wie: »Goals«, »Wow, du bist so schön« oder »Du hast einen perfekten Körper«. Ob wir das angesichts des unbearbeiteten, rohen Bilds auch gesagt hätten?

Machen wir mal einen Selbsttest. Stelle dich vor den Spiegel und stehe locker und normal da, drehe dann deinen Körper ein wenig und stelle dich so hin, wie die meisten Menschen in ihren Bildern posen. Wenn du diese zwei Figuren danach vergleichst, wirst du schnell merken, wie unterschiedlich die beiden Bilder sind, obwohl du in beiden genau die gleiche Größe hast, du gleich viel wiegst und dich gar nicht verändert hast. Aus gutem Grund wird diese Pose von den meisten Menschen verwendet, die Bilder vor dem Spiegel posten. Dann wird hie und da noch der Bauch eingezogen und der Hintern so angespannt, dass der Po direkt doppelt so rund ist. Dazu kommen dann noch Retuschierungen im Gesicht, bei vielen wird die Taille schmaler gezogen, die Lippen und Augen werden größer geformt und noch allerhand Kleinigkeiten verändert, bis das Bild den allgemeinen Schönheitsstandards entspricht.

Wie viel wirklich bearbeitet wird, unterscheidet sich von Person zu Person. Einige machen mehr, manche weniger und wenige nichts. Ich sage nicht, dass es grundsätzlich falsch ist, seine Bilder zu bearbeiten. Jeder kann tun, was er gerne möchte, und viele sehen ihre Bilder auch als Kunst an, weshalb sie viel mit Effekten arbeiten und neue Sachen ausprobieren. Auch ich bearbeite gerne meine Bilder. Jedoch werden bei meinen Bildern nur die Farben angepasst. Ich habe schon vor langer Zeit entschieden, keine digitalen Veränderungen an meinem Aussehen vorzunehmen.

Aber zurück zum eigentlichen Problem. Denn wer sich mit einem solchen Bild vergleicht, der weiß nie, was echt und was nicht echt ist. Und selbst wenn ein Bild nicht bearbeitet wurde, wurde doch immer nur ein Idealzustand fotografiert. Wir kennen doch alle jene Tage, an denen man irgendwie anders aussieht als sonst. Vielleicht haben wir mehr Wassereinlagerungen, sind total müde oder haben gerade tausend Pickel im Gesicht. Und dann gibt es noch die Tage, an denen man sich richtig gut fühlt, ausgeschlafen ist und die Haut strahlt. Würde man von beiden Situationen Bilder schießen, würde man sofort einen Unterschied bemerken. Die meisten würden dann wohl eher das Bild hochladen von dem Tag ohne Augenringe, Mitesser und Einlagerungen.

Auch ich musste lernen, mich von den Vergleichen mit Bildern im Internet zu lösen. Es gab zum Beispiel eine Zeit, in der ich mich sehr stark mit einer gewissen Bloggerin verglichen hab. Mein Ziel war es, auch so trainiert auszusehen und einen genauso runden Po zu haben wie sie. Im Prinzip war sie mein Vorbild, was das Krafttraining anging. Ich habe ihr alles nachgemacht und sie total angehimmelt. Bis ich sie in echt traf und gemerkt habe, dass sie absolut gar nicht aussah wie auf ihrer Seite. Mich hat das damals sehr irritiert, da ich noch nicht darüber nachgedacht hatte, in welchem Ausmaß Menschen ihre Bilder bearbeiten. In echt war ihr Po, den ich auch wollte, gerade mal halb so groß und auch nicht wirklich rund. In dem Moment wurde mir klar, dass ich Monate damit verbracht hatte, mich mit einem nicht realen Bild zu vergleichen, dem nachzueifern und meinen Körper als schlechter zu bewerten, weil ich nicht die gleichen Ziele erreicht hatte, die ich auf dem extrem bearbeiteten Bild gesehen hatte.

Dieses Phänomen gilt übrigens nicht nur für das Aussehen einer Person, sondern auch für ihren Lebensstil. Wir sehen Leute, die ständig um die Welt reisen, andauernd an den schönsten Stränden unterwegs sind, scheinbar 24 Stunden am Tag glücklich sind und im Grunde das krasseste Leben der Welt führen. So ist unser Bild der Reiseblogger, die wir täglich auf unserem Feed finden, obwohl die Bilder, die wir sehen, nicht immer der Realität entsprechen.

Ich kenne zum Beispiel einige, bei denen ich zunächst dachte, wie wundervoll doch alles in ihrem Leben ist, bis ich die Geschichten hinter den Bildern hörte. Während wir ein bestimmtes wundervolles Bild sehen und uns den perfekten Tag vorstellen, kann es sein, dass es Probleme mit der Anfahrt gab, sie nur zehn Minuten Zeit hatten, das perfekte Foto zu schießen, es zu kalt oder zu heiß war und der Tag eigentlich aus purem Stress bestand auf der Jagd nach dem perfekten Foto. Dieses Beispiel hört sich vielleicht etwas übertrieben an, aber kennt ihr das – im Kleinen – nicht aus eigener Erfahrung? Wie oft habe ich mich in eine feuchte Wiese voller Insekten gelegt, um ein schönes Bild zu schießen! Man möchte eben besondere und kreative Fotos haben, die Menschen Freude bereiten. Doch es ist am Betrachter, sich bewusst zu machen, dass diese Bilder nicht den kompletten Tag beschreiben.

Man sollte sich im Hinblick auf die sozialen Netzwerke immer wieder ins Gedächtnis rufen, dass auch die anderen einfach nur Menschen sind. Jeder weint mal, hat einen nicht so schönen Tag, Selbstzweifel oder fühlt sich in der Haut nicht wohl. Genauso gibt es viele wundervolle Tage und Momente voll Spaß und Freude, die einem das Gefühl von Freiheit und Glückseligkeit geben. Und genauso, wie durchaus nicht alles Fake und gestellt ist, können wir nicht jedes Bild als hundertprozentige Beschreibung des Lebens der Person begreifen. Wie bei vielen anderen Themen gibt es hier einen schmalen Grat, auf dem man wandeln muss.

Nimm dir ruhig einige Minuten Zeit und entscheide, welche Accounts, denen du folgst, dir guttun und welche nicht. Vielleicht folgst du Seiten, die dir das Gefühl geben, nicht gut genug zu sein oder ein zu langweiliges Leben zu haben. Glaube mir, so habe ich mich auch schon oft gefühlt. Unfollow diesen Seiten für eine gewisse Zeit und folge jenen, die dir ein gutes Gefühl geben und dich inspirieren. Hierfür kannst du dir gerne Hashtags wie #selbstliebe, #selbstbewusstsein oder #bewussterleben anschauen und in Zukunft nur Texte lesen und Bilder ansehen, die dir ein gutes Gefühl geben. Wenn du nicht mehr täglich mit »Goals«-Bildern bombardiert wirst, fällt es dir bestimmt leichter, von Vergleichen und negativen Emotionen im Hinblick auf die Posts der anderen abzulassen. Wenn du dich nach einer gewissen Zeit lösen konntest, dich nicht mehr mit solchen Bildern vergleichst und wieder bereit bist, den Seiten zu folgen, kannst du dies gerne wieder tun. Wenn du dann überhaupt noch Lust darauf hast.

Einen generellen Gedanken zum Thema Social Media möchte ich noch mit dir teilen. Ich habe es auch schon sehr oft erlebt, dass Menschen einen wundervollen Moment erlebt haben, zum Beispiel einen herrlichen Sonnenuntergang oder ein Naturwunder, diesen oder dieses aber nicht wirklich genießen konnten, weil sie ununterbrochen Bilder davon machten, bis dieser wundervolle Moment vorbei war. Im Grunde haben diese Menschen hier ein besonderes Erlebnis aufgenommen, aber nicht gefühlt. So kann es auf uns wirken, als hätte eine Person etwas unglaublich Tolles erlebt, obwohl sie eigentlich nur die ganze Zeit auf der Suche war nach dem perfekten Winkel, um *das* Foto zu schießen. Zwar hat diese Person es geschafft, die Menschen in den sozialen Medien an diesem Moment teilhaben zu lassen – sie selbst hat ihn jedoch nicht wirklich erlebt.

Vielleicht hast du dich auch schon in einer solchen Situation befunden. Als mir klar wurde, dass ich oft meine Follower an den Momenten teilhaben lasse, aber mich selbst nicht, habe ich angefangen, nach einem Gleichgewicht zu suchen zwischen den Dingen, die ich poste, und jenen, die ich ganz allein erleben möchte. Es tut gut, mal in der Stille den Sonnenuntergang zu genießen und das Handy zur Seite zu legen. Probiere es doch gerne selbst mal aus. Denn eins ist klar: Auch wenn etwas nicht aufgenommen worden ist, hast du es trotzdem erlebt. Und sind nicht genau diese Momente auch die besonderen? Die, in denen man bewusst alles wahrnimmt und sich voll und ganz im Hier und Jetzt fühlt?

PROBIER DOCH MAL:

Genieße einen Moment für dich. Das nächste Mal, wenn du einen schönen Regenbogen siehst, einen Sonnenuntergang beobachtest oder etwas anderes dich begeistert, poste es nicht und mache keine Fotos davon. Nimm dein Gehirn als Album, in dem dieser Moment eingespeichert wird.

Räume auf. Gibt es auf den sozialen Netzwerken Seiten, die du mit negativen Emotionen verlässt? Über wen regst du dich immer wieder auf? Wer gibt dir das Gefühl, nicht gut genug zu sein? Welche Accounts vermitteln dir dagegen positive Gedanken und Eindrücke? Was inspiriert dich? Lösche alle Dinge von deinem Handy, Laptop oder Tablet, die dir nicht guttun, und suche Seiten, die dich glücklich stimmen.

Diese Seiten tun mir nicht gut:

_____

_____

_____

Diese Serie, Zeitschrift oder Videos werde ich nicht mehr schauen:

_____

_____

_____

Diese Accounts geben mir gute Gefühle:

_____

_____

_____

Meine Lieblingsseite:

_____

_____

_____

So fühle ich mich momentan, wenn ich die sozialen Medien nutze:

_____

_____

_____

Diesen Seiten habe ich unfollowed:

So habe ich mich gefühlt:

Diese Seiten haben mich besonders inspiriert:

Diesen besonderen Moment habe ich nur für mich selbst genossen und nicht in den sozialen Medien geteilt:

So hat sich das für mich angefühlt:

Das hat sich sonst verändert:

So fühle ich mich jetzt, wenn ich die sozialen Medien nutze:

Vergleiche mit Augenmaß

Wir vergleichen uns nicht nur mit Menschen aus Magazinen und den sozialen Medien, sondern auch mit denen, die wir täglich sehen. Vielleicht haben wir eine Freundin mit wundervollen langen Beinen, wie wir sie gerne hätten. Jugendfreunde, die schon seit zehn Jahren eine perfekte Beziehung führen, während wir es irgendwie nicht auf die Reihe bekommen, eine Partnerschaft einzugehen. Oder eine Bekannte, die CEO in einer großen Firma ist und so wirkt, als hätte sie alles, was man sich nur vorstellen kann.

Wir sehen also jene Aspekte, die wir gerne hätten, und vergleichen diese mit unserer eigenen Situation. Danach fühlen wir uns deprimiert, niedergeschlagen und sind voller Selbstzweifel. Um sich dann etwas besser zu fühlen, sehen sich nun viele Menschen im Fernsehen oder Internet Shows und Sendungen an, in denen ihnen Menschen gezeigt werden, die in schlechteren Verhältnissen leben als sie selbst. Oder sie vergleichen sich mit Freunden und Bekannten, die weniger Glück in ihrem Leben haben.

Doch egal, in welche Richtung – man spricht hier auch von Aufwärts- und Abwärtsvergleich – wir uns vergleichen: Beides ist nicht gut für uns, und trotzdem schaffen es die meisten von uns nicht, darauf zu verzichten. Im Prinzip ist sich zu vergleichen auch etwas zutiefst Menschliches. Sich zur Aufgabe zu machen, sich nie wieder zu vergleichen, kann entsprechend schwer, wenn nicht gar unmöglich werden. Viel eher sollten wir den Versuch unternehmen, solchen Vergleichen keinen Einfluss mehr auf unsere Emotionen zu geben, sodass wir in Zukunft Vergleiche in erster Linie als Inspiration und Hilfestellung nutzen können, aber nicht mehr unseren Selbstwert dadurch infrage stellen lassen.

Dazu später mehr. Vorerst aber die wichtige Frage: Woher kommen eigentlich die Gefühle, wenn wir uns mit anderen vergleichen? Die Erklärung ist ganz einfach. Indem wir uns vergleichen, bewerten wir uns in einer Art und Weise. Wenn wir bei so einem Vergleich positiv abschneiden, freuen wir uns sehr darüber. Wenn wir aber schlecht abschneiden, erfüllen uns dementsprechend negative Gefühle, weil wir denken, dass wir es besser machen könnten oder irgendetwas an uns falsch ist.

In beiden Fällen macht man sich über die Worte Gedanken und gibt ihnen einen Wert. Somit nimmt uns eine solche Situation mit und lässt uns die Emotionen fühlen, die wir selbst durch die Wertung herbeigerufen haben. Wenn wir aufwärts vergleichen, sehen wir Dinge, die wir gerne erreichen würden. Vielleicht sind sie für uns sogar unerreichbar oder wir sehen sie als besser an. Sollte ein Model 1,85 Meter groß sein und wir 1,60 Meter, vergleichen wir uns mit jemandem, dessen Größe wir niemals erreichen können. Die Folge ist klar, wir fühlen uns schlecht. Verdient jemand besonders viel Geld, denken wir, dass wir das auch hätten schaffen können, also fühlen wir uns schlecht. Im Prinzip kann man sagen, dass Aufwärtsvergleichen meist negative Gefühle erzeugt. Aber nicht immer, denn es kann uns auch inspirieren. Wenn zum Beispiel eine Person viel erreicht hat, gibt dir das eine Vorstellung davon, was auch du alles erreichen kannst. Dann kann Vergleichen sogar ganz hilfreich sein. Sehen wir nun eine Fernsehserie mit Menschen, die einen schlechteren Lebensstandard haben als wir, vergleichen wir abwärts. Diese Personen haben in unseren Augen ein schlechteres Leben, das weckt in uns das Gefühl, ein besseres Leben zu haben. Wir können dabei natürlich auch Mitleid empfinden und es muss nicht bedeuten, dass wir uns dadurch für jemand Besseren halten, dennoch trägt ein Abwärtsvergleichen zu einem größeren Selbstwert bei. Es führt dazu, darüber nachzudenken, dass man schon viel erreicht hat und sich nicht so viele Sorgen machen muss, schließlich gibt es Menschen, denen es schlechter geht.

Ein anderes, ganz grundsätzliches Problem, wenn wir uns mit anderen vergleichen, ist, dass wir immer nur einen Aspekt sehen. Vielleicht bemerken wir die besagten langen Beine, doch wir sehen nicht, dass diese Person eine riesige Narbe hat, die sie schon seit der Kindheit stört. Wir sehen den Star, der immer unterwegs ist und vermeintlich alles hat, doch übersehen, dass die Zeit fehlt für die Familie oder sich selbst, und den Stress, den die Berühmtheit mit sich bringt. Im Prinzip sehen wir immer nur das, was wir sehen wollen, und merken nicht, dass jeder Mensch auch ein paar negative Momente in seinem Leben hat. Wir idealisieren somit jemanden und kreieren eine Illusion, mit der wir uns vergleichen. Und wieder sind wir an dem Punkt angekommen, an dem wir uns mit etwas Unrealistischem vergleichen.

Einen Gedanken, den wir auch oft vergessen, ist, dass es unfassbar viele Menschen auf der Welt gibt, die alle unterschiedlich sind. Keiner ist zu 100 Prozent wie ein anderer. Es existieren keine Dinge, die vollkommen gleich sind und daher vergleichbar wären. Vor ein paar Jahren fand ich zum Beispiel afroamerikanische Frauen und deren Kurven wunderschön. Mein Ziel wurde es, solche Kurven zu haben wie sie. Habe ich in dem Moment bedacht, dass meine Gene komplett anders sind und ich wahrscheinlich nie solche Kurven bekommen kann? Natürlich habe ich das nicht. Wenn ich nun zurückblicke, merke ich, wie naiv meine Denkweise war, mich mit etwas zu vergleichen, was gar nicht im Rahmen meiner Möglichkeiten lag. Das gilt übrigens nicht nur für die ganz offensichtlichen

Unterschiede. Es gibt so viele Dinge, durch die wir uns unterscheiden, die uns ausmachen. Keiner ist schöner oder besser, sondern jeder ist, einfach gesagt, anders, besonders und individuell.

> Da jeder ein Individuum ist, hat der Vergleich mit anderen keinen Sinn. Wirklich vergleichen können wir uns nur mit uns selbst.

Wie wäre es denn, wenn wir das Ganze einmal umdrehen und uns mit uns selbst vergleichen? Wie oft blicken wir zurück und sehen, was wir in den letzten Jahren alles erreicht haben oder was uns stärker gemacht hat? Können wir da angesichts unseres noch nicht so bewussten Ichs nicht dankbar sein für die Dinge, die wir gelernt haben? Dankbar dafür, wie wir an den Herausforderungen vergangener, härterer Zeiten gewachsen sind?

Oder aber wir erlauben uns Vergleiche nur noch, wenn sie uns inspirieren und nicht runterziehen. Oft sehe ich, wie andere mit gewissen Situationen umgehen, und denke mir: »Wow, so habe ich das noch nie probiert. Wenn ich mich das nächste Mal in einer solchen Situation befinde, gehe ich es einmal auf diese Art und Weise an.« Sehe ich, dass jemand etwas Krasses erreicht hat, nehme ich das als Ansporn und sage mir: »Wenn der das kann, kann ich das doch auch.«

Mit solchen Gedanken können wir uns zwar vergleichen, aber wir nutzen diesen Vergleich als Inspiration, als Anreiz, stärker zu werden, besser mit Dingen umzugehen oder generell an uns zu arbeiten. Es bedeutet nicht, dass wir im Jetzt nicht gut genug sind, sondern dass wir uns Anregungen holen, auch einmal etwas Neues auszuprobieren. Wichtig ist hier, wie gesagt, sich nicht runterzumachen und zu denken, dass man, wie man in dem Moment ist, nicht gut genug ist, sondern die Inspiration zu nutzen.

Und was ist mit den unrealistischen Dingen, die wir nun nicht erreichen können (wie die afroamerikanischen Kurven)? Ich bin inzwischen dazu übergegangen, ein Kompliment an andere daraus zu machen. Anstatt zu sagen: »Oh Mann. Ich hätte das gerne«, sage ich dieser Person, dass mir dieser oder jener Aspekt an ihr unglaublich gut gefällt. So geben wir Liebe und Positivität weiter, anstatt uns fertigzumachen. Denn nur, weil uns an einer anderen Person etwas Positives auffällt, bedeutet dies nicht, dass wir ungenügend sind. Wenn wir lernen, uns selbst zu lieben, können wir andere als besonders schön ansehen und uns für sie freuen, ohne uns selbst schlecht zu fühlen.

PROBIER DOCH MAL:

Versuche, dir bewusst darüber zu werden, wie oft du dich vergleichst und wieso. Solltest du dich das nächste Mal in einer solchen Situation befinden, sage ganz klar und deutlich zu dir selbst: »Stopp!« Finde heraus, ob du dich mit einem für dich realistischen oder einem unrealistischen Ziel oder Zustand verglichen hast. Nimm die realistischen als Inspiration, sage aber zu dir selbst, dass du auch so schon gut genug bist. Mache dem Unrealistischen in deinen Gedanken oder im echten Leben ein Kompliment und bringe dir selbst zu Bewusstsein, dass es keinen Sinn hat, sich damit zu vergleichen. Zeige dir selbst Anerkennung und fühle Dankbarkeit für die Dinge, die bereits da sind.

Nimm dir außerdem einen Moment Zeit und vergleiche dich mit deinem alten Ich und sieh, was du geschafft hast.

Fülle diese Seite aus.

Meine realistischen Vergleiche:

_____

_____

_____

_____

Meine unrealistischen Vergleiche:

_____

_____

_____

_____

So fühle ich mich momentan, wenn ich mich vergleiche:

_____

_____

_____

_____

So will ich Vergleiche in Zukunft nutzen:

_____

_____

_____

_____

Dieser Vergleich hat mich inspiriert:

_____

_____

_____

Hier habe ich das Vergleichen aufgehört:

_____

_____

_____

Diese Komplimente habe ich anderen gemacht:

_____

_____

_____

Diese Komplimente habe ich mir selbst gemacht:

_____

_____

_____

Das sehe ich, wenn ich mein altes Ich mit meinem gegenwärtigen Ich vergleiche:

_____

_____

_____

Gehe sinnvoll mit Selbstkritik und Perfektionismus um

Egal, wie heftig andere uns kritisieren, wir werden wahrscheinlich immer unsere größten Kritiker sein. Vor allem in einer Zeit wie dieser, in der so viele Dinge von einem verlangt werden und generell fast alle Menschen unter Stress stehen, noch besser oder gar perfekt zu werden. Wir sagen uns ständig, wir hätten etwas anders oder besser machen können und diesen Fehler hätten wir lieber nicht machen sollen. Solche Gedanken führen dazu, dass wir in ständiger Angst leben, nicht gut genug zu sein.

Um uns davon nun lösen zu können, müssen wir zunächst herausfinden, woher diese Gedanken kommen.

Als Kinder lernen wir, was richtig und was falsch ist, indem wir von unseren Eltern oder Erziehern Rückmeldung dazu erhalten, ob das, was wir getan haben, nun eine gute Tat oder eine schlechte Tat war. Wir sind abhängig von ihren Urteilen und den Regeln, die sie aufstellen, und richten uns nach ihnen. Dadurch lernen wir, welche Dinge wir tun dürfen und was falsch ist. Diese Informationen brauchen wir, wenn wir groß werden, um richtig zu handeln.

Wir lernen aber auch, dass wir, wenn wir etwas falsch machen, Wut oder Trauer in den Mitmenschen auslösen. Umgekehrt lösen wir mit dem richtigen Handeln Freude bei ihnen aus. Manche Menschen gehen strenger mit uns um, andere weniger streng. Doch egal, ob nun jemand mit uns schimpft oder nur in einem ruhigen Ton sagt, dass etwas nicht gut war, was wir getan haben, empfinden wir in so einer Situation Schuldgefühle, fühlen uns nicht gut und denken, dass wir es hätten besser machen können.

Obwohl es grundsätzlich wichtig ist, auf diese Art und Weise zu lernen, was in der Welt als richtig und falsch angesehen wird, kann dieses Lernen Spuren hinterlassen, die in der Zukunft für uns zum Problem werden. So manches Kind hört täglich Worte wie »Du bist zu faul, zu laut, zu nervig, zu energievoll, zu hibbelig, zu viel am Reden …«. Das Kind lernt: Etwas passt mit mir nicht. Ich muss mich ändern, damit keiner mit mir schimpft. Ich muss perfekt sein, damit jemand stolz auf mich ist.

Wenn wir dann in die Schule kommen, werden dazu auch noch Noten vergeben. Entweder haben wir etwas sehr gut, befriedigend oder gar ungenügend gemacht. Mit jeder weiteren Bewertung machen wir unseren Selbstwert mehr davon abhängig, wie gut wir in etwas sind. Ich erinnere mich noch zurück, wie meine Klassenkameraden geweint haben und dachten, sie seien nicht schlau oder gut genug, weil sie in Mathematik oder Französisch eine schlechte Note hatten, obwohl sie vielleicht sehr talentiert im Sport oder in etwas Kreativem waren. Kam man mit einer guten Note nach Hause, wurde man gelobt, war sie schlecht, bekam man Ärger. Das gilt definitiv nicht für alle Eltern, trotzdem habe ich durchschnittlich mehr Freunde gehabt, bei denen es dadurch zu Hause zu problematischen Gesprächen kam, als solche, die ruhig mit ihren Eltern darüber reden konnten.

Witzigerweise war bei mir die Situation genau umgedreht. In meiner Familie war immer ich jene, die sich unglaubliche Sorgen und Stress wegen ihrer Noten gemacht hat, während meine Eltern mir rieten, mir mal weniger Druck zu machen und einfach zu entspannen. Es müssen dementsprechend nicht direkt andere sein, die einem das Gefühl geben, nicht genug getan zu haben. Dies kann durchaus von einem selbst kommen.

Ob etwas und was in unserem Erziehungs- oder Schulsystem anders laufen müsste, kann ich nur schwer sagen. Für mich liegt darin nur der Grund verborgen, warum wir angefangen haben, uns anhand von Dingen, die wir erreichen oder auch nicht schaffen, zu bewerten. Etwas, das uns auch im Erwachsenenleben nicht loslässt. Denn unsere Erwartungen und Ansprüche an uns selbst werden nur noch größer und strenger. Mit 25 sollte man einen gut bezahlten Job haben, eine wundervolle Beziehung führen, über Heirat oder Kinder nachgedacht haben und gleichzeitig auf genug Sport und eine gesunde Ernährung achten, denn hängen lassen sollte man sich auch nicht. Außerdem sollte man auch die fernere Zukunft nicht außer Acht lassen. Wäre es nicht irgendwann Zeit für ein eigenes Haus? Und was passiert eigentlich, wenn man in Rente geht? Eigentlich wollten wir auch noch um die Welt reisen. Und in Freundschaften müssen wir auch Energie stecken, um sie am Leben zu erhalten. Aber erst, wenn auch die Wohnung schön ordentlich geputzt ist.

Das sind nur ein paar der Dinge, die viele von uns alle gleichzeitig tun wollen. Sollten wir nun etwas davon nicht schaffen, fangen wir an, uns zu kritisieren, in dem Gefühl, im Leben zu versagen. Aber seien wir mal ganz ehrlich: So viel Energie für all die Dinge, die auf der To-do-Liste des Lebens stehen, hat man manchmal einfach nicht. Anstatt dies als okay anzusehen, sich Fehler zu verzeihen und die Erlaubnis zu geben, mal nicht alles auf die Reihe zu bekommen, machen wir uns dafür runter. Denn Fehler sind nun mal schlecht. Die Frage ist:

> Wer hat denn bestimmt, was Fehler sind und welchen Regeln man folgen muss? Wie wäre es mal, seine eigenen Regeln zu schaffen?

Für Menschen, die sehr kritisch mit sich umgehen und die immer daran arbeiten, besser zu werden und noch mehr zu erreichen, kann es hilfreich sein, sich mal eine Auszeit von ihrem Perfektionismus zu nehmen – wie das geht, dafür habe ich dir schon im Kapitel »Stehe zu deinen Schwächen und mache Fehler« wichtige Hinweise mit auf den Weg gegeben. Mal einen Fehler machen, keinen Sport treiben, nicht aufräumen oder nicht so perfekt essen. Wenn Perfektionisten dies schaffen, ohne sich schlecht zu fühlen, machen sie schon einen wichtigen Schritt in die Richtung eines etwas entspannteren Lebens.

Aber wie sollen wir das nur schaffen? Wie werden wir unseren inneren Kritiker nur los?

Vielleicht macht es gar nicht so viel Sinn, gegen ihn zu kämpfen und sich ihn wegzuwünschen. Wie wäre es denn, wenn du dich mit ihm anfreunden würdest und ihr zusammenarbeiten würdet?

Stellen wir uns diese Situation vor: Du hast dir heute vorgenommen, die Wohnung zu putzen, die 50 ungelesenen E-Mails zu beantworten und im Garten alle Blumen zu gießen. Nach einigen Stunden ist die Wohnung sauber und alle E-Mails sind beantwortet. Leider hat die Zeit nicht gereicht für die Blumen. Du könntest jetzt folgende Dinge denken:

1. Ich habe es schon wieder nicht geschafft, alles zu machen. Warum bin ich nur so langsam?
2. Ich habe heute schon viel geschafft. Und um die Blumen kümmere ich mich einfach morgen.

Welche Variante hört sich wertschätzender an? Die erste oder die zweite? In der ersten haben wir noch einen bösen inneren Kritiker. In der zweiten haben wir uns mit dem Kritiker angefreundet und nutzen ihn als Motivation.

So wie die meisten Dinge im Leben ist auch der innere Kritiker nicht von Grund auf positiv oder negativ. Wenn wir uns mit ihm anfreunden, kann er für uns zu einem wertvollen Unterstützer werden. Das bedeutet: Wir loben uns für die tollen Dinge und kommen uns bei nicht so guten entgegen. Wir geben uns die Zeit, die wir brauchen, und motivieren uns gleichzeitig, weiterzumachen.

Was mir ebenfalls sehr geholfen hat, etwas mehr loszulassen, ist, mich an meine limitierte Zeit in diesem Leben zu erinnern und den Sinn und Zweck dieser Zeit mehr zu hinterfragen. Es sollte nämlich nicht das komplette Leben lang nur darum gehen, Punkte auf einer To-do-Liste abzuhaken. Man darf sich auch einmal Zeit für sich nehmen und Dinge tun, die einen nicht viel weiterbringen, sondern einfach nur Spaß machen. Denn diese begrenzte Zeit, die wir auf der Welt haben, sollten wir aus vollen Zügen genießen.

PROBIER DOCH MAL:
Die Jahre, die wir auf dieser Welt verbringen dürfen, sind kostbar! Versuche, sie bewusst zu nutzen und immer genug Zeit und Spaß für dich mit einzubauen. Plane dir Zeiten ein, in denen du nichts kritisierst und einfach mal Sachen aus Spaß machst, um den Druck abzulassen.

Fülle diese Seite aus.

Das will ich diese Woche »unperfekt« machen:

_____

_____

_____

_____

Deshalb ist es okay, nicht alles perfekt zu machen:

_____

_____

_____

_____

So fühle ich mich momentan mit meinem inneren Kritiker:

_____

_____

_____

_____

Das sind meine Ziele:

_____

_____

_____

_____

Fülle diese Seite erst in einer Woche aus.

So habe ich mich beim »unperfekt«-Machen gefühlt:

_____

_____

_____

Das hat mir daran besonders gut gefallen:

_____

_____

_____

Dieser Druck ist von mir abgefallen:

_____

_____

_____

So fühle ich mich nun:

_____

_____

_____

Das werde ich in Zukunft tun, wenn ich mich unter Druck fühle:

_____

_____

_____

Vergib dir selbst

Es gab einen Moment, den ich erleben durfte und der in mir viele Wunden geheilt hat. Ich hatte einige Tage davor extrem viel trainiert und hatte den schlimmsten Muskelkater, den man sich vorstellen kann. Während des Trainings war ich weit über meine Grenzen gegangen und hatte die Folgen nicht bedacht. Die Schmerzen waren so schlimm, dass ich überlegte, zum Arzt zu gehen, doch es war mitten in der Nacht. Ich konnte meine Arme nicht mehr bewegen und dementsprechend an diesem Abend keinen Schlaf finden. Um meinen Arm zu kühlen, beschloss ich, auf dem Balkon zu schlafen. Doch selbst die Kälte half nicht wirklich. Stundenlang lag ich draußen und fühlte, wie jeder Zentimeter meines Körpers schmerzte.

Plötzlich fing ich an, mit ihm zu sprechen. Wie mit einem Freund redete ich (also mein wahres Selbst) mit meinem Körper (dem momentanen Zuhause meines Selbst). Ich blickte zurück und dachte an all die Jahre, in denen ich nicht auf meinen Körper gehört hatte. Ich hatte ihn gehasst, ihm keinen Genuss erlaubt, ihn zu viel zu viel Sport gezwungen und im Prinzip andauernd schlecht behandelt. In diesem Gespräch nahm ich nun meinen Körper in den Arm und entschuldigte mich. Zur Antwort bekam ich Vergebung und Liebe. Tränen der Dankbarkeit liefen über meine Wangen und danach schlief ich endlich ein. Seit diesem Abend arbeite ich mit meinem Körper und nicht gegen ihn. Der Kampf mit mir selbst war vorbei und was übrig blieb, war bedingungslose Liebe und Zusammenarbeit.

Für wie viele Dinge, die wir getan haben, fühlen wir uns schlecht und machen uns Vorwürfe, die wir wieder und wieder in unserem

Kopf wiederholen? Warum habe ich das so gemacht? Wie hätte ich anders reagieren können? Was wäre, wenn ich etwas anderes gesagt oder anders gehandelt hätte? Nicht dass diese Fragen dazu beitragen würden, die Wut über unser vermeintliches Versagen abzubauen, ganz im Gegenteil: Sie wird nur verstärkt. Außerdem ändern solche Gedankengänge nicht, was passiert ist. Was geschehen ist, kann nicht mehr rückgängig gemacht werden. Es kann aber genutzt werden, um ähnliche Ereignisse in der Zukunft zu vermeiden und dazuzulernen.

Außerdem sind, wie wir bereits gelernt haben, »Fehler« menschlich. Niemand wird von sich behaupten, ohne Fehler zu sein. Kaum jemand wird nicht nachvollziehen können, was angesichts so eines Scheiterns in dir vorgeht. Wir haben andere Menschen verletzt. Haben, anstatt Entschuldigung zu sagen, die Flucht ergriffen und das Problem zur Seite geschoben. Wir haben Menschen enttäuscht oder gar betrogen. Solche »Fehler« können einen das ganze Leben lang verfolgen – außer, man vergibt sich selbst und gibt sich so die Möglichkeit, sie zu verarbeiten.

Dabei müssen wir zuerst lernen, uns diese »Fehler« einzugestehen. Ja, ich habe »Fehler« gemacht, genauso, wie es jeder andere Mensch auf der Welt es schon getan hat! Das Eingeständnis ist der erste Weg zur Besserung.

Der zweite Schritt ist es, dir bewusst zu machen, dass dich das nicht zu einem schlechten Menschen macht, der Bestrafung verdient hat. Schließlich sind es vielmehr genau diese Momente, die uns weiterbringen. Denn durch Scheitern, »falsche« Schritte oder Versagen können wir dazulernen. Verurteile dich nicht dafür, sondern denke darüber nach, wie du an dieser Situation wachsen kannst. Ich habe zum Beispiel durch meine Essstörung den Weg der Selbstliebe gefunden. Anstatt Groll in mein Leben zu lassen, habe ich die Erfahrungen genutzt, mir verziehen und dadurch noch mehr Liebe empfunden. Sich also alles, egal, was passiert ist, als Chance für dein persönliches Wachstum an, als Möglichkeit, noch stärker zu werden. Allein durch die Änderung deiner Emotionen legt sich die Wut nach und nach und wird von positiven Gefühlen ersetzt. Denke auch daran, deinen persönlichen Wert nicht von solchen Erlebnissen abhängig zu machen. Du bist gut, so wie du bist! Mit allem, was dazugehört!

Im dritten Schritt ist es schließlich wichtig, Verantwortung für das zu übernehmen, was passiert ist, und die Konsequenzen daraus zu ziehen. Das heißt, ganz konkret, dass du mit der Person, die zu der Situation dazugehört, sprichst. Das kann persönlich sein, per Nachricht oder sogar mit einem Brief. Sich bei jemandem zu entschuldigen und zu seinem Fehler zu stehen, sollte nicht mit der Erwartung geschehen, von der genannten Person Verzeihung zu erlangen. Es geht vielmehr darum, die Vergebung *in sich selbst* zu spüren und loslassen zu können. Wenn es gar keine Möglichkeit gibt, sich bei der Person zu melden, oder du vielleicht selbst die Person bist, der du Unrecht getan hast, dann schreibe dir selbst einen Brief. Solange all diese Gedanken in unserem Kopf kreisen, werden sie sich dort festsetzen. Redet oder schreibt man sich aus, kann man diese Gedanken freilassen und seinen Frieden mit sich selbst finden.

Diese Methode kann auch für das Verzeihen der »Fehler« anderer genutzt werden. Viele Worte, die mir gesagt worden sind, haben mich jahrelang beschäftigt. Einige Taten haben mir lange Nächte des Grübelns bereitet, da ich einfach nicht loslassen konnte. Sie haben mich verletzt und Wunden hinterlassen. Doch egal, wie schlimm es war, ich habe mich entschieden, jedem zu verzeihen. Manchen konnte ich dies persönlich sagen, bei anderen habe ich es aufgeschrieben oder gedacht. Wenn du anderen für schlimme Taten vergibst, heißt das nicht, dass er entlassen ist im Sinne von »vergessen«. Aber es gibt dir die Möglichkeit, mit der Sache abzuschließen und dich von deinem Schmerz zu befreien. Dadurch werden die Wunden zu Narben, die nach einiger Zeit verblassen.

PROBIER DOCH MAL:
Wir müssen nicht vergessen, aber wir können vergeben, damit wir nicht mehr emotional von den Geschehnissen abhängig sind. Dadurch können wir in eine friedvolle Zukunft blicken, losgelöst von den Dingen, die uns gehalten haben.

Vergib dir und deinen Mitmenschen und suche das klärende Gespräch mit den Leuten, bei denen du das Gefühl hast, etwas sagen zu müssen. Sollte dies nicht mehr möglich sein, kannst du es gerne aufschreiben.

Das verfolgt mich:

_____
_____
_____
_____
_____

Darum verzeihe ich mir selbst:

_____
_____
_____
_____
_____

Diesen Menschen möchte ich verzeihen:

_____
_____
_____
_____
_____

So habe ich losgelassen:

Das sind meine momentanen Gefühle dazu:

Das habe ich daraus gelernt:

Diesen Menschen konnte ich verzeihen:

So möchte ich in Zukunft mit Verletzungen umgehen:

Tritt aus deiner Komfortzone heraus

Es gibt Menschen, die Abenteuer lieben, immer neue Dinge ausprobieren und für die der Weg aus der Komfortzone heraus ihre eigentliche Komfortzone ist. Dort fühlen die sich wohl. Ich bin keiner von diesen Menschen. Zumindest war ich es sehr lange nicht.

Das Verlassen von Komfortzonen hat nicht immer etwas mit Abenteuer oder krassen Sachen zu tun. Es können auch ganz »einfache« Dinge sein, wie zum Beispiel mit Menschen, die man nicht kennt, zu sprechen, in der Öffentlichkeit zu tanzen, ohne Make-up das Haus zu verlassen, jemandem mal wirklich die Meinung zu sagen ... Die Grenze der Komfortzone ist für jeden Menschen individuell und kann weiter oder enger sein. Im Prinzip ist diese Zone das, was wir schon immer machen und kennen – unser sicherer Ort, an dem wir uns wohlfühlen. Ein Schritt aus der Zone heraus bedeutet also einen Schritt ins Ungewisse, hinaus in einen Bereich, der uns Angst macht und wahrscheinlich mit Veränderung verbunden ist.

Das Problem an solchen Komfortzonen ist jedoch, dass man darin nicht wachsen kann, weil uns innerhalb dieser engen Grenze nichts begegnet, das uns herausfordert. Doch die Entscheidung, etwas anderes als gewohnt zu tun, kostet große Überwindung. Viele setzen sich Ziele, die sie gerne mal irgendwann erreichen würden. Kennst du nicht auch jene Menschen, die von ihren Träumen und Ambitionen erzählen, doch wenn sich die Gelegenheit dazu bietet, finden sie genug Ausreden, es doch nicht zu tun? Das Träumen kann aufregend sein, doch das Tun verlangt mehr – nämlich seine Angst zu überwinden. Lass dich von der Angst nicht bremsen, sondern betrachte sie als den ersten Schritt. Wenn du dieses komische Kribbeln in deinem Bauch spürst, bedeutet das, dass du genau auf der Grenze deiner Komfortzone stehst.

> Man muss die Angst vor dem Scheitern, vor dem Ungewissen oder dem Unkontrollierbaren anpacken und es einfach tun.

Oft haben wir die Entscheidung, ob wir etwas Neues wagen wollen, selbst in der Hand. Doch manchmal gibt uns das Universum einen kleinen Tritt und lässt uns keine andere Möglichkeit, als den Sprung zu wagen und die Angst zu besiegen. Vielleicht kennst du noch den Moment in der Schule, wenn du plötzlich vor der kompletten Klasse sprechen musstest und dir dein Herz fast in die Hose fiel. Oder wenn eine Person dich auf etwas anspricht, mit dem du nicht gerechnet hast, und du aus dieser Situation nicht entkommst. Vielleicht sind es auch größere Dinge wie der Verlust des Jobs oder ein plötzliches Angebot, mit dem du nicht gerechnet hast. Wie auch immer es aussieht, das Universum arbeitet mit dir. Es gibt dir genau die Dinge, die geschehen sollen, damit du lernst, deine Wohlfühlzone mal zu verlassen und zu wachsen.

Was kann denn so Schlimmes passieren, wenn du diesen Sprung wagst? Eigentlich nichts. Dinge, die nicht so schön sind, passieren auch innerhalb der Komfortzone. Doch die Chance, über dich hinauszuwachsen, gibt es nur außerhalb. Der Schritt hinaus ist der beste Weg zu mehr Selbstbewusstsein, Selbstkenntnis und natürlich Selbstliebe. Wir lernen neue Dinge, lassen Ängste los, zweifeln weniger, finden einen Weg, mit Herausforderungen umzugehen, finden heraus, was wir imstande sind zu bewältigen, entdecken neue Stärken und entwickeln ein noch stärkeres Vertrauen in uns selbst und das Universum.

Etwas, das ich getan habe, um in Sachen »Was andere von mir denken« wachsen zu können, war das Ergebnis einer kleinen Wette unter Freunden. Ich rannte mitten in der Stadt vor Hunderten von Menschen wie ein Huhn und ein Pferd herum. Hört sich das peinlich an? Das war es auch! Aber das Gefühl danach war gigantisch. Dadurch habe ich gemerkt, dass die meisten Menschen es sowieso nicht interessiert, was andere Personen machen, und die, die interessiert oder verwundert geschaut haben, waren mir plötzlich egal. Daraus sind weitere Challenges entstanden wie zum Beispiel tanzen in der Öffentlichkeit, verrückt verkleidet durch die Stadt laufen und so weiter.

Doch nicht immer ist der Schritt aus der Komfortzone mit so viel Lachen verbunden. Wohl einer der schwersten für mich war eindeutig der Weg aus der Essstörung, das Abbrechen der Schule und der Umzug nach Berlin, allein, mit gerade einmal 16 Jahren. So schwer das alles auch war: Ich kann sagen, dass es mir unfassbar viel gebracht hat. Genau diese drei Dinge haben mich so stark gemacht wie fast nichts anderes zuvor.

Meine Essstörung war für mich sehr lange Komfortzone und Käfig zugleich. Ich brauchte mehrere Monate, um mich dazu durchzuringen, etwas gegen meine Krankheit zu unternehmen, so groß war meine Angst, was wohl passieren würde, wenn ich wieder gesund würde. Der Kampf gegen meine Krankheit beinhaltete das radikale Verbot jeglichen Sports, des Wiegens, sei es meines Körpers oder des Essens, das ich zu mir nahm. Kein Kalorienzählen mehr, das Löschen und Deabonnieren von allem, was mit dem Thema zu tun hatte, und vor allem: ganz viel essen. Für manche klingt das nach einem ganz normalen Leben: Essen, was man will, und faul auf der Couch liegen. Für mich jedoch bedeutete es die Hölle. Doch ich tat es, weil ich wusste, dass es im Käfig meiner Komfortzone kein Glück für mich gab. Und dies gilt nicht nur für meine Komfortzone. Viele der sogenannten komfortablen Zonen, deren Name ja durchaus etwas Positives hat, sind letztendlich eher schlecht für uns. Vor allem, wenn wir sie nicht aus Bequemlichkeit nicht verlassen wollen, sondern aus Angst.

Eine Sache, die ich mich immer wieder gefragt habe und die mich letztendlich auch dazu gebracht hat, den Sprung zu wagen, war: Will ich so für immer leben? Soll meine komplette Zeit auf dieser wundervollen Erde wirklich so sein? Warum tue ich mir das eigentlich an? Wovor habe ich denn genau Angst? Durch dieses Hinterfragen, wurde mir bewusst, dass ich mir einen Käfig gebaut hatte, für den nur ich den Schlüssel hatte. Meinen Weg aus dieser Krankheit zu finden, hat mich unfassbar stark gemacht und hat mir gezeigt, wie viel Macht ich über das Glück in meinem Leben habe.

Der Schritt, die Schule zu verlassen und nach Berlin zu ziehen, erforderte ebenfalls eine große Portion Mut, da ich nicht wusste, was passieren würde. Würde ich es irgendwann bereuen? Was war, wenn ich in zehn Jahren zurückblicken und denken würde: »Oh Mann, hätte ich es doch anders gemacht!« Ich tat es trotzdem. Denn meist ist es doch genau das, was man nicht getan hat, was man bereut, oder? Zum ersten Mal war ich auf mich allein gestellt. Natürlich war meine Familie bereit, mich jederzeit zu unterstützen, doch die lebte neun Stunden von mir entfernt, weshalb ich meist irgendwie ohne sie klarkommen musste. Und ich habe es tatsächlich geschafft. Hier habe ich gelernt, wie einfach Dinge sein können, die man zuvor für unschaffbar gehalten hat.

Das waren meine drei wichtigsten Schritte hinaus aus meiner Komfortzone. Natürlich gibt es Tausende Wege, wie man aus der Komfortzone treten kann. Doch eins ist klar: Egal, wie wir es tun, wir können unglaublich viel daraus lernen und ungemein daran wachsen.

Doch wie packt man es nun richtig an?

Was mir sehr geholfen hat, war, mir das Worst-Case-Szenario vorzustellen. Wir haben oft unglaubliche Angst und wissen nicht einmal, wieso. Wenn du Angst hast, was andere von dir denken, dann überlege mal, was Schlimmes passieren könnte, wenn sie dich doof finden würden. Eine Person würde dich uncool finden. Und jetzt? Stirbst du? Leidest du an Hunger? Nö, eine Person findet dich eben einfach nicht so cool. Je rationaler man seine Ängste angeht, desto eher begreift man, wie unnötig sie eigentlich sind. Ich habe zum Beispiel Angst vor Wespen. Jedes Mal, wenn eine um mich fliegt, renne ich schreiend weg. Wenn ich nun ganz logisch überlege, ist das Schlimmste, was passieren könnte, dass mich diese Wespe sticht. Und dann? Der Stich wird nach einer Woche weg sein. In letzter Zeit habe ich angefangen, Wespen zu filmen und mich ihnen gezielt zu nähern, um meine Angst loszuwerden. Bisher bin ich noch nicht gestochen worden.

PROBIER DOCH MAL:
Überlege dir, welche Ängste du genau hast und was dich zurückhält. Male dir das Worst-Case-Szenario aus und schaue dir mal genau an, ob es denn wirklich so schlimm ist und die Angst berechtigt ist.

Überlege dir danach, was das Beste sein kann, das daraus entsteht. Stelle dir genau vor, welche wundervollen Dinge passieren können, wenn du einen Schritt aus deiner Komfortzone herauswagst.

Wenn du noch nicht so genau weißt, was es für dich bedeuten würde, aus der Komfortzone hinauszutreten, nimm dir Zeit, all deine Wünsche und Träume aufzuschreiben. Es ist komplett egal, ob diese für dich unrealistisch wirken. Wenn es jemand anderes bereits geschafft hat, kannst du das auch! Und wenn es keiner geschafft hat, sei der oder die Erste!

Mache kleine Schritte! Der direkte Sprung ins kalte Wasser funktioniert bei manchen Menschen, aber nicht bei allen. Frage dich: »Welche kleinen Schritte liegen im Rahmen meiner Möglichkeiten?« Nach und nach werden die Schritte größer und du traust dich, Dinge zu tun, von denen du nie gedacht hättest, dass du sie jemals schaffen könntest! Jedes Mal, wenn du etwas Kleines erreicht hast, kannst du dich dafür feiern. Dies wird dir Motivation geben, um weiterzumachen.

Arbeite dabei auch mit Affirmationen. Das gilt übrigens nicht nur für diese konkrete Situation, sondern auch für viele andere Themen, die in diesem Buch von Bedeutung sind. Suche zu genau dem, was dich gerade beschäftigt, ein passendes YouTube-Video mit Affirmationen und sprich mit. Das gibt dir ein gutes Gefühl und kreiert so den Weg für dich und deine Wünsche.

Ich hoffe, dass ich dich durch meine Beispiele motivieren konnte, deinen Schritt zu wagen. Wenn ich mich mal nicht so motiviert gefühlt oder an meiner Entscheidung gezweifelt habe, nahm ich mir etwas Zeit und las Biografien oder Lebensgeschichten von Menschen durch, die viel in ihrem Leben erreicht haben. In jeder von diesen findet sich mindestens ein Beispiel, wie sie aus ihrer Komfortzone hinausgetreten sind und dadurch auf ihrem Weg weiter vorangekommen sind. Vielleicht hilft es auch dir, an nicht so guten Tagen solche Anekdoten zu lesen und dadurch Kraft zu tanken. Eine sehr große Empfehlung von mir sind die Videos und Bücher von Louise Hay. Ihre Affirmationen höre ich immer wieder gerne an. Natürlich kannst du auch gerne meine Videos und Podcastfolgen anhören. Die Videos findest du auf YouTube unter »Selbst Verliebt« und den Podcast findest du auf einigen Plattformen unter »Selbstverliebt mit Lulu«.

Das will ich ändern:

_____

_____

_____

_____

_____

_____

Das Worst-Case-Szenario:

_____

_____

_____

_____

_____

_____

Das Best-Case-Szenario:

_____

_____

_____

_____

_____

_____

Fülle diese Seite erst in einer Woche aus.

Das habe ich geschafft:

_____

_____

_____

So habe ich mich gefühlt:

_____

_____

_____

Das habe ich daraus gelernt:

_____

_____

_____

Dies sind meine nächsten Schritte:

_____

_____

_____

Deshalb habe ich keine Angst:

_____

_____

_____

Zolle dir selbst Anerkennung

Viel zu oft greifen wir nach Anerkennung im Außen. Wir wollen, dass unsere Eltern oder Freunde auf uns stolz sind für das, was wir getan haben. Es gibt uns das Gefühl, etwas wert zu sein. Wir erkennen diesen Wert in uns selbst nicht und müssen es daher von anderen hören. Doch damit machen wir uns abhängig von der Meinung anderer. Sich über Komplimente zu freuen, ist wundervoll, doch dies sollte nicht zu einer Gier oder gar Sucht nach Bestätigung werden.

Es gibt zwei Möglichkeiten, in welche Richtung die Sucht nach Anerkennung gehen kann. Erste Option: Wir bekommen die erhoffte Bestätigung. Dadurch fühlen wir uns für eine Weile gut, doch danach kommt eine Leere und wir suchen immer weiter nach Bestätigung von anderen, um uns gut zu fühlen. Das Problem hierbei ist, dass wir, egal, wie lange wir suchen, nie den Punkt vollkommener Zufriedenheit erreichen, nach dem wir streben, da es diesen nur in unserem Inneren gibt und nicht in der Meinung der anderen über uns. Man fliegt schnell einmal hoch, fällt danach ganz tief und verweilt dort so lange, bis das nächste Hoch kommt. Zweite Option: Wir bekommen nie die Bestätigung, die wir uns so sehr wünschen, kämpfen aber immer weiter darum und verzweifeln schließlich daran. Beide Szenarien enden in Verzweiflung und in der ewigen Suche.

Denn in beiden Fällen ist die Anerkennung von außen nicht nur etwas, worüber wir uns freuen. Wir brauchen es, wir hängen davon ab – so sehr, dass es uns immer wieder aus der Bahn werfen wird, wenn jemand nicht stolz ist oder es nicht gut findet, was wir getan haben.

Der einzige Weg, um diesem Suchlauf der Verzweiflung ein Ende zu setzen, ist, auf sich selbst stolz zu sein und sich gut genug zu fühlen, auch ohne die Bestätigung der anderen. Wenn du dich selbst mit allem, was du genau in diesem Moment hast, vollkommen fühlst, wirst du dich über die Anerkennung anderer freuen und es wird dich noch mehr motivieren. Du wirst aber nicht ewig danach streben oder dich leer fühlen, falls du diese Anerkennung von außen nicht erhältst.

Der erste Schritt hin zu diesem Gefühl der Vollkommenheit ist, zu erkennen, dass du die Macht darüber hast! Du hast die pure Freiheit, wie du über dich selbst denkst und wie du dich bewertest. Es ist allein deine Entscheidung, ob du dich schlechtmachst und nur gut bewertest, wenn du etwas »Großes« geschafft hast, oder ob du dir Fehler erlaubst und stolz auf dich bist, egal, was passiert. Dir muss bewusst werden, dass du genau in diesem Moment schon vollständig bist. Natürlich kannst du für Ziele und Träume arbeiten, doch das bedeutet nicht, dass es dich, wenn es dir nicht gelingt, sie zu erreichen, zu einem Versager macht oder du dadurch weniger wert bist.

Um dieses Prinzip etwas besser zu erklären, möchte ich auf mein Lieblingsbeispiel zurückgreifen: den Kuchen. Nach diesem Prinzip lebe ich schon länger und ich kann jedem empfehlen, es auch mal zu probieren. Es ist ganz einfach. Du bist der Kuchen. Noch komplett ohne Glasur und jegliche Toppings bist du schon komplett. Wenn ein Stück fehlt, kann dieses Stück nicht durch Toppings ersetzt werden, da nur du als der Kuchen diese Leere füllen kannst. Wenn du ein kompletter Kuchen bist, brauchst du die Toppings nicht, um dich vollkommen zu fühlen, aber sie bereiten dir trotzdem Freude, wenn sie da sind. Da du aber auch schon ohne sie komplett warst, bist du nicht von ihnen abhängig, um glücklich zu sein.

Ist das nicht herrlich?

Lass uns alle Kuchen werden. Lass uns glücklich sein und uns über Extras freuen, ohne auf diese Extras hinzuarbeiten, um dann endlich vollständig zu sein. Die Mehrheit der Menschen hat nämlich genau dieses grundlegende Problem: Sie sucht nach Liebe von den anderen, um die Liebe zu sich selbst spüren zu können. Es wird uns aber leider niemals jemand so viel Liebe geben können, um diese Lücke zu füllen. Somit müssen wir die Lücke allein schließen. Wenn du dieses Prinzip in deinen Gedanken täglich visualisierst, wirst du dem vollen Kuchensein immer näher kommen.

PROBIER DOCH MAL:
Fülle deine Lücken mit Liebe und werde zu einem vollständigen Kuchen.

So in der Theorie hört sich das ganz gut an, aber wie soll das jetzt ganz konkret funktionieren? Überlege dir mal, was du alles schon erlebt hast und wie stark du aus diesen Situationen hervorgegangen bist. Wie viele Sachen sind passiert, angesichts derer du super gehandelt hast und die es dir ermöglicht haben, neue Dinge dazuzulernen? Schöpfe daraus die Liebe, um deine Lücken zu füllen. Wir schaffen täglich viele Dinge, auf die wir stolz sein können. Wir helfen einer Freundin, es gelingt uns endlich einmal, uns Zeit für uns selbst zu nehmen, wir bringen im Job ein Projekt erfolgreich zu Ende oder haben ganz einfach jemanden zum Lächeln gebracht. Wir fokussieren uns sehr oft auf die großen Dinge, auf die man besonders stolz ist, wie eine anspruchsvolle Prüfung zu bestehen oder befördert zu werden, doch was ist mit den kleinen alltäglichen Leistungen? Wir beschreiben viele Dinge als »selbstverständlich«. Ist doch klar, dass man als frischgebackene Mutter sich den ganzen Tag um das Baby kümmert. Ist doch klar, dass man als Freunde immer füreinander da ist. Doch sind es nicht genau diese Dinge, die uns am meisten ausmachen und auf die wir besonders stolz sein könnten? Die alltäglichen, selbstverständlichen Sachen, die wir jeden Tag immer wieder tun?

Übrigens: Viele behaupten ja, dass »Eigenlob stinkt«. Ich würde eher sagen, dass es stinkt, dass wir einen solchen Satz von der Gesellschaft eingeprägt bekommen. Eigenlob ist nicht schlecht, sondern gut. Wie bereits im Kapitel »Vorurteile« erklärt, geht es dabei nicht um Egoismus und Selbstdarstellung. Wenn wir uns selbst loben, heben wir *für uns* noch einmal hervor, was wir alles tun und wie besonders wir sind. Das gibt uns mehr Energie und Lebensfreude. Genau deshalb sollten wir dies auch häufiger tun.

PROBIER DOCH MAL:
Lobe dich für vermeintlich alltägliche und
selbstverständliche Dinge.

Dazu gehört übrigens auch, die Anerkennung der anderen anzunehmen. In manchen Köpfen stinkt nicht nur, sich selbst zu loben, sondern auch, gelobt zu werden. Vielleicht kennst du so jemanden oder bist sogar einer dieser Menschen, die keine Komplimente annehmen können.

Woran liegt das? Die Gründe sind unterschiedlich. Erste Möglichkeit: Wir haben eine so dicke Mauer um uns gebaut, dass wir keine Anerkennung an uns heranlassen. Sämtliche Komplimente prallen ab oder werden gar als Unwahrheit wahrgenommen. Solltest du kein Kompliment als wahr sehen und nichts Gutes annehmen können, ist es sehr wichtig, diese Mauern einzureißen.

Zweite Variante: Wir weisen Komplimente zurück, um noch mehr zu bekommen. Dies habe ich oft unter Bildern in den sozialen Netzwerken wahrgenommen. Eine Person postet ein Foto von sich. Jemand kommentiert: »Du bist so hübsch«, und die Person, die es gepostet hat, schreibt: »Nein, du bist viel hübscher.« Daraus entwickeln sich lange Konversationen darüber, ob man nun hübsch ist oder nicht, nur um, anstatt es einmal gesagt zu bekommen, es gleich zehnmal zu hören. Jedoch können auch zehn Komplimente von anderen die Lücke in einem niemals füllen.

Nimm also Komplimente an. Anstatt dich schlechtzureden, solltest du dir angewöhnen, einfach nur »Danke« zu sagen und dich darüber zu freuen. Am besten funktioniert das, wenn du schon ein Kuchen bist und dieses Kompliment ein Schokostreusel war.

Und vergiss nicht, wie du es bei dem Schritt »Vergleiche mit Augenmaß« gelernt hast, auch deinen Freunden, Familienmitgliedern, Kollegen oder vielleicht sogar Fremden einfach einmal deine Anerkennung zu zeigen. Solltest du positive Gedanken über eine Person haben, teile diese! Es ist immer eine Freude für zwei.

PROBIER DOCH MAL:
Werde dir bewusst, dass du wertvoll bist, egal, wie viel oder wenig du tust, gibst oder leistest. Gehe mit dir vorurteilsfrei und mit Respekt um. Rufe dir immer wieder Affirmationen in den Kopf, die dich daran erinnern und dir zeigen, dass du die volle Macht darüber hast, wie du dich fühlst und wie du dich wertschätzt. Lasse auch Anerkennung von Menschen in deinem Umfeld zu und erfreue dich daran.

So wertvoll fühle ich mich momentan:

_____

_____

_____

_____

_____

Ich bin wertvoll, weil:

_____

_____

_____

_____

_____

Diese Affirmationen sollen mir auf meinem Weg helfen:

_____

_____

_____

_____

_____

So nehme ich Komplimente an:

_____

_____

_____

_____

_____

So wertvoll fühle ich mich momentan:

Dieser Gedanke hat mir besonders geholfen:

Diese Komplimente habe ich dankend angenommen:

Diese Komplimente habe ich anderen gemacht:

Lerne dich selbst kennen

Wer bin ich eigentlich?

Diese Frage habe ich mir mein ganzes Leben lang gestellt. Mir war bewusst, wie ich heiße, wie alt ich bin, wer meine Familie und Freunde sind. Doch es kam mir immer wieder die Frage, wer ich eigentlich bin und warum ich überhaupt hier bin.

Eins muss uns bewusst werden: Wir sind alle einzigartig, unfassbar besonders und wertvoll. Es gibt einige, die denken, sie sind unnötig und dass die Welt sie sowieso nicht braucht. Das sind die Leute, die Dinge sagen wie: »Letztendlich sind wir nur ein Sandkorn in einer Wüste.« Natürlich sind wir nur einer von knapp acht Milliarden, und trotzdem sind wir unglaublich wichtig. Allein die Wahrscheinlichkeit, dass du existierst, ist 40 Millionen zu 1. Und dennoch wurdest du geboren. Du wurdest auserwählt, dein Leben zu leben, dir wurde die Chance gegeben, genau jetzt hier zu sein. Wenn das nicht ein Grund ist, das Leben mehr zu schätzen, dann weiß ich auch nicht.

Dazu kommt noch der unglaubliche Einfluss, den du in deinem Leben auf andere hast. Egal, welche Schritte du machst, was du sagst oder tust, all das wirkt sich aus auf das Leben anderer. Allein die Entscheidung, die linke anstatt die rechte Straßenseite zu nehmen, kann irgendwelche Folgen für das Leben der Menschen haben, die sich dort im Umkreis befinden. Die tragen es dann weiter an andere. Letztendlich sind wir alle verbunden miteinander durch die Dinge, die jeder Einzelne tut.

Den größten Einfluss haben wir vor allem in unseren Familien, auf Freunde, Kollegen oder unsere Kunden. Vielleicht lernen sie von uns oder merken sich Dinge, die sie nie vergessen werden.

In irgendeiner Art und Weise geben wir unseren Mitmenschen immer etwas auf den Weg.

Du bist also auf dieser Welt unglaublich wichtig – aber was fängst du mit dieser Erkenntnis an? Zunächst einmal musst du deine Masken ablegen. Wir alle haben in unserem Leben immer wieder einmal Masken getragen. Wir passen uns an, sind unehrlich zu uns selbst und zu unserem Umfeld. Das passiert bei den meisten Menschen aus Angst, nicht akzeptiert oder gemocht zu werden für das, was sie wirklich sind. Wir versuchen, mit dem Strom zu schwimmen, zu studieren, zu heiraten, Kinder zu bekommen, und merken immer wieder, dass uns das eigentlich gar nicht gefällt.

Es können auch kleinere Dinge sein. Wir versuchen in der Schule, einer der »Coolen« zu sein, indem wir auf alle Partys mitgehen und Dinge tun, bei denen wir wissen, dass wir sie eigentlich gar nicht wollen. Blicke in dein Inneres und überlege, was du momentan tust, das du eigentlich gar nicht willst. Etwas, das du aus Angst vor Ablehnung oder irgendwelchen anderen Ängsten heraus weiter machst. Manche brauchen Jahre, bis sie erkennen, wie sie sich in ihrem Leben verstellt habe – manche tun es ihr Leben lang und bereuen es am Ende sehr. Wenn du dich verloren hast in der Rolle, in der du momentan steckst, und nicht weißt, welche Gedanken dein wahres Ich hat und welche Gedanken antrainiert sind, ist es immer am besten, auf das erste Bauchgefühl zu hören. Zu oft habe ich in gewissen Situationen nicht auf mein Bauchgefühl gehört, da mein Kopf mir etwas anderes einreden wollte. Jedes Mal, wenn ich das gemacht habe, hat es kein gutes Ende genommen.

Dein Bauchgefühl verschafft dir Zugang zu Gefühlen, Gedanken, Wegen, Tätigkeiten, die du dir nie erlaubt hast. Die du aus irgendwelchen Gründen nicht zugelassen hast, obwohl sie so ehrlich und wahr sind. Um dein wahres Ich kennenzulernen und den Weg zu finden, der für dich passt, musst du lernen, auf dein Bauchgefühl zu hören, anstatt auf die antrainierten Verhaltensweisen und Masken, hinter denen sich viele verstecken.

Lass dir auf deinem Weg ruhig Zeit. Ein paar Ansatzpunkte, die dir helfen können herauszufinden, wer du wirklich bist, sind zum Beispiel Träume, die du nie verwirklicht hast, Dinge, bei denen du dich fallen lassen kannst, Momente, in denen du pures Glück und Freiheit verspürst, Tätigkeiten, die dich die Zeit vergessen lassen, oder Gedanken, die in dir pure Freude auslösen.

Nutze die folgende Seite, um zu überlegen, welche Dinge momentan in deinem Leben sind, die du gerne ändern möchtest und die sich nicht nach dir anfühlen.

Liste auf der darauf folgenden Seite die Sachen auf, die sich ganz und gar nach dir und deiner Wahrheit anfühlen. Mithilfe dieser Liste kannst du nach und nach deine Maske verbleichen lassen und deinem ehrlichen und wahren Ich folgen.

Es ist auch deshalb sinnvoll, deine Stärken und Fähigkeiten herauszufinden, weil du diese dann ausbauen und noch besser in deinem Leben zum Einsatz bringen kannst. Das können Dinge sein wie: »Ich kann gut zuhören. Ich bin ehrlich. Ich kann gut tanzen. Ich kann gut kochen. Ich kann gut mit Menschen, Tieren oder Pflanzen umgehen. Ich bin interessiert an Neuem. Ich begeistere mich sehr für Musik, Kunst, Politik ... «

Schreibe selbst die kleinsten Dinge auf. Finde heraus, mit welchen Beschäftigungen du gerne deine Zeit verbringst, was du gerne tust und was du gut kannst. Falls du bestimmte Dinge nicht in Worte fassen kannst oder nach Inspirationen suchst, frage deine Freunde, Bekannte oder deine Familie, wie sie dich beschreiben würden. Wichtig ist hier, für dich zu wissen, ob diese Personen nur eine Maske von dir kennen oder dich so kennen, wie du wirklich bist. Sollten sie dich mit etwas beschreiben, mit dem du dich nicht sehr identifizieren kannst, nimm es nicht an. Vielleicht liegen einige deiner Talente sogar noch im Verborgenen. Probiere gerne alles Mögliche einmal aus und finde heraus, was sich für dich am besten angefühlt hat.

Das ist deshalb so wichtig, weil du, wenn du das tust, was du liebst, immer besser darin wirst. Es beginnt so eine Art positiver Kreislauf, der dich immer weiter bringt. Daher ist es auch so wichtig, unsere Zeit weise zu nutzen und Dinge zu tun, die uns glücklich machen.

Diese Dinge in meinem Leben fühlen sich nicht nach »mir« an:

_____

_____

_____

_____

_____

_____

_____

_____

_____

_____

_____

_____

Diese Dinge fühlen sich für mich wahr und echt an:

_____

_____

_____

_____

_____

_____

_____

_____

_____

_____

_____

_____

_____

Übrigens: Auch wenn all diese Fakten und Gedanken, die du dir aufgeschrieben hast, dich unterstützen bei deiner Selbstfindung, gibt es eine Tätigkeit, die dir noch viel mehr helfen wird, dich selbst kennenzulernen und zu erfahren, wer du bist. So wie du viel Zeit mit anderen Menschen verbringen musst, um sie kennenzulernen, musst du dies bei dir auch tun. Aber du verbringst doch 100 Prozent deiner Zeit mit dir? Natürlich! Aber wie viel Zeit verbringst du komplett allein? Damit meine ich nicht allein Fernsehen schauen oder Musik hören. Ich meine damit eine Zeit, in der du nur sitzt und atmest und vollkommen bei dir selbst bist. Je öfter du dir diese Zeit nimmst, mit dir ganz allein, desto besser lernst du dein wahres Ich kennen.

PROBIER DOCH MAL:
Verbringe Zeit mit dir.

Wir haben sehr oft Angst davor, allein zu sein. Wir flüchten regelrecht davor und lenken uns ständig mit irgendwelchen Beschäftigungen ab, um nicht das zu spüren, was in uns ist. Doch der Schlüssel zu dir selbst liegt darin, Zeit alleine zu verbringen. Daher gebe ich dir als Aufgabe mit, dir jeden Tag ein paar Minuten zu geben, in denen du Zeit ganz allein mit dir selbst verbringst und in dich horchst.

Vielleicht erfährst du so ganz neue Dinge über dich selbst und findest dein wahres Ich in dieser Ruhephase von ganz allein.

Weiß ich eigentlich, wer ich bin?

_____

_____

_____

_____

_____

_____

_____

Diese Fragen habe ich:

_____

_____

_____

_____

_____

_____

Diese Dinge werde ich ausprobieren, um mich besser kennenzulernen:

_____

_____

_____

_____

_____

_____

Fülle diese Seite erst in einer Woche aus.

Hier bin ich jetzt in meiner Selbstfindung:

_____

_____

_____

Diese Antworten habe ich bekommen:

_____

_____

_____

Diese Fragen habe ich noch:

_____

_____

_____

Diese Dinge haben mir besonders geholfen:

_____

_____

_____

So fühle ich mich:

_____

_____

_____

Lass das Kind in dir raus

Kinder haben etwas Magisches an sich. Sie machen sich keine Gedanken darüber, was andere von ihnen denken könnten. Sie tun und lassen, was sie wollen, und sind vor allem voller Kreativität.

Ich habe mir über die letzten Jahre hinweg immer wieder Videos angeschaut, in denen das Verhalten von Kindern und Erwachsenen in bestimmten Situationen verglichen wird. Der Unterschied ist erstaunlich. Die Kreativität und Freude an kleinen Dingen ist bei Kindern meistens viel größer als bei Erwachsenen. Das bestätigt mir auch meine eigene Erfahrung. Als ich ein Baby war, konnte ich mich stundenlang mit einem Blatt Papier vergnügen. Im Prinzip hätte ich gar keine Spielsachen gebraucht, denn ein Blatt Papier war für mich unfassbar spannend. Ich riss es in immer kleinere Stücke, bis es nicht mehr weiter ging.

Ich kann mit hundertprozentiger Gewissheit sagen, dass ich heute nicht mehr so auf Papier abfahre wie früher. Allerdings versuche ich, weiterhin dankbar zu sein für die kleinen Dinge des Lebens. Es muss nicht immer ein neues Handy sein oder eine Kamera, vielleicht sind es die Blumen, die ich auf dem Feld erblicke, oder ein Brief, den mir jemand schreibt. Als Erwachsene schätzen wir die kleinen Dinge nicht mehr so und sollten uns viel mehr darauf konzentrieren.

Es ist jedoch nicht nur die Zufriedenheit mit den kleinen Dingen. Es sind auch die unfassbare Kreativität und Vorstellungskraft, die an Kindern so bewundernswert sind und die das Leben schöner werden lassen. Ein paar Decken und ein Wäscheständer können zu einem Schloss werden, aus einem kleinen Garten wird ein Urwald, ein Planschbecken entpuppt sich als Ozean und mit der

Hilfe von ein paar Puppen entsteht eine neue Welt. Wenn man etwas älter wird, verbietet man sich viel davon. Vielleicht ist dir schon einmal – oder sogar mehrfach – die Aussage »Ich bin zu alt dafür!« über die Lippen gekommen. Die Wahrheit ist: Man ist nie zu alt für etwas. (Außer man möchte auf einen Spielplatz, der eine Altersbeschränkung auf null bis acht Jahre hat, und man passt leider nicht mehr in die Schaukeln. Ja, das hat mich sehr traurig gestimmt, denn der Spielplatz war unfassbar cool!) Dennoch tun wir Dinge nicht mehr, weil wir sie uns nicht mehr trauen. Wir haben Angst, peinlich zu sein oder zu kindisch zu wirken. Vielleicht könnten andere denken, dass wir unreif und nicht ernst genug sind. Ich glaube, dass diese Angst, was andere von einem denken könnten, einer der Hauptgründe ist, weshalb wir das »Kind sein« nicht mehr zulassen.

Und weil wir bis zu diesem Kapitel schon so viel an uns gearbeitet haben, schaffen wir es jetzt auch, diese Angst loszuwerden!

PROBIER DOCH MAL:
Werde wieder Kind.

Auch wenn mit dem Alter eine gewisse Reife kommt, sollte diese dir nicht den Spaß am Leben verderben. Man kann reif sein und trotzdem bei jedem Disney-Lied abgehen!

Falls du dich schon lange nicht mehr mit »Kind sein« beschäftigt hast und du absolut nicht weißt, wie das genau aussieht, habe ich hier ein paar Inspirationen für dich:

1. Gehe auf einen Spielplatz. Lass einen kleinen Turm dein Schloss sein, die Schaukel dich zum Fliegen bringen und vergiss beim Spielen im Sand die Zeit. Ich kann vor allem die Seilbahnen sehr empfehlen.

2. Baue dir ein Haus aus Decken und Bettbezügen. Darin kannst du dir es superbequem machen und vielleicht ein Buch lesen oder eine Serie schauen.

3. Male einfach drauflos. Überlege nicht, wie dein Bild am Ende aussehen soll oder dass es gut werden muss. Mach es einfach aus Spaß, ohne Ziel.

4. Schaue Kinderfilme oder Serien und sing bei deinen liebsten Kindersongs mit. Bei den meisten Streamingplattformen gibt es einen extra Kinderbereich. Da solltest du auf jeden Fall einmal vorbeischauen!

5. Springe in Pfützen, rolle dich Hügel hinab und klettere auf Bäume. Mache dir mal keine Gedanken, ob deine Kleider dreckig werden könnten, sondern lass dich fallen und hab Spaß!

6. Nimm all deine Last und wirf sie für einen Tag in den Abstellraum. Nutze die Zeit, um zu spielen, dir keine Gedanken über Steuern oder Geld oder deinen Job zu machen, und sei einfach im Hier und Jetzt und genieße deine Zeit für dich.

7. Träume mal wieder. Alles ist erlaubt.

Es geht beim »mal wieder Kind sein« gar nicht direkt darum, in die eigene Kindheit zurückzukehren. Viele Menschen hatten keine schöne Kindheit, können aber ihre Gegenwart verschönern, indem sie ihr inneres Kind etwas mehr ans Licht lassen. Und ja, jeder hat ein inneres Kind. Einige verstecken es eben mehr als andere. Denn, ob du's glaubst oder nicht, wir waren alle mal Kinder! Du musst nur danach suchen.

So habe ich mich als Kind gefühlt:

_____

_____

_____

_____

_____

_____

So fühle ich mich jetzt:

_____

_____

_____

_____

_____

_____

So lasse ich das Kind in mir raus:

_____

_____

_____

_____

_____

_____

Das habe ich getan, um mein inneres Kind herauszulassen:

_____
_____
_____
_____
_____
_____
_____

Das habe ich dabei gefühlt:

_____
_____
_____
_____
_____
_____

Das werde ich wieder tun:

_____
_____
_____
_____
_____
_____

Sei achtsam

Wenn ich über Achtsamkeit nachdenke, kommen mir meist rosarote Instagram-Posts oder irgendwelche YouTube-Videos in den Kopf. Ich denke, dass dieser Begriff sehr zu einem Modewort geworden ist, das nicht von jedem ganz verstanden wird und viele bereits nervt. Das ist sehr schade, da Achtsamkeit essenziell ist für den Weg, den du gerade gehst. Du hast selbst Vorurteile gegenüber Achtsamkeit? Lass dich von mir auf den folgenden Seiten ganz neu an das Thema heranführen.

Achtsamkeit kommt aus dem Buddhismus und bedeutet im Prinzip, bewusster zu leben. Wenn man zum Beispiel das Frühstück hastig isst und sich dabei Gedanken über die Arbeit macht, ist das ein Zeichen, dass man in dem Moment nicht bewusst ist. Wenn man sich auf eine Bank setzt, den Geräuschen lauscht, den Blättern im Wind zuschaut und voll und ganz im Jetzt ist, ist man bewusst. Der Grund, warum es so wichtig ist, Achtsamkeit zu praktizieren, ist, dass wir in der heutigen Zeit vor lauter Stress meist an alles andere denken als an das, was gerade wirklich passiert. Wir sind mit den Gedanken in der Vergangenheit oder der Zukunft und nur selten im Hier und Jetzt.

Dieses Problem hatte ich jahrelang. Für eine gewisse Zeit lebte ich in der Vergangenheit, da ich sie nicht loslassen konnte. Täglich dachte ich an Dinge, die passiert waren, oder daran, was ich anders hätte machen können. Anstatt zu erkennen, wie schön alles in meiner Gegenwart war, war ich verloren in Gedanken an eine schon längst vergangene Zeit. Als ich die Vergangenheit loslassen konnte, wandte ich mich mit einem Mal der Zukunft zu. Ich stellte mir Dinge vor, die vielleicht passieren könnten und was ich präventiv tun konnte, um mich davor zu schützen. Auch hier fiel es mir schwer, im Hier und

Jetzt zu sein und zu erkennen, dass gerade in diesem Moment alles gut war. Denn in meinen Gedanken erschuf ich Horrorszenarien, die nie wahr wurden, aber mein damaliges Jetzt stark beeinflussten. Falls du dich fühlst, als würde ständig die Vergangenheit ihre Finger nach dir ausstrecken, als würdest du andauernd Ängste und Zweifel um die Zukunft haben oder zu oft auf Autopilot gestellt sein, können die kommenden Praktiken extrem hilfreich für dich sein.

Es gibt Tausende Onlinekurse und Beiträge zu diesem Thema, obwohl es eigentlich einfach ist. Denn im Prinzip muss man dafür nichts tun. Und mit »nichts« meine ich wirklich absolut gar nichts. Wenn wir mehr Achtsamkeit in unserem Leben haben wollen, müssen wir lernen, einfach nur zu sein. Dies bedeutet, dass man mit allen Sinnen das Jetzt wahrnimmt, es nicht bewertet und einfach ist. Diese Übungen kannst du überall machen, egal ob zu Hause, auf der Arbeit oder beim Spazierengehen. Sie lassen sich ganz leicht in den Alltag integrieren und kosten dich keinen Cent.

> **PROBIER DOCH MAL:**
> Nimm alltägliche Dinge bewusster wahr und achte auf deine Sinne, während du dies tust.

Hier ein paar Beispiele:

Wenn du deine Zähne putzt, kannst du auf den Geschmack der Zahnpasta achten, auf das Geräusch der Borsten auf deinen Zähnen, du kannst beobachten, wie der Schaum entsteht, und fühlen, wie die Bürste durch deinen Mund gleitet. Solltest du danach duschen gehen, kannst du die Wärme spüren, die Tropfen hören, das Duschgel riechen und das Wasser betrachten. Fokussiere bei den Dingen, die du immer tust, deine Aufmerksamkeit auf Einzelheiten, die dir bisher nicht aufgefallen sind. Was kannst du sehen? Was kannst du hören? Was kannst du riechen? Was kannst du schmecken? Was kannst du fühlen?

Konzentriere dich nicht darauf, was du jetzt nicht denken solltest, denn das verstärkt die Gedanken nur. Wenn ich zum Beispiel sage: »Denke nicht an einen Apfel«, denkst du höchstwahrscheinlich an einen Apfel. Sollten also irgendwelche Gedanken kommen, nimm sie an, bewerte sie nicht. Wenn du weiterhin auf deine Sinne achtest, werden die Gedanken irgendwann vorbeiziehen. Wenn sie dies nicht tun, ist das auch okay. Je öfter du diese Übung machst, desto besser wird es dir gelingen.

PROBIER DOCH MAL:
Atme mal!

Atmen ist eine Sache, die wir ganz von allein tun. Es ist so normal zu atmen, dass wir uns nie Gedanken über unsere Atmung machen. Doch dem Atmen mehr Aufmerksamkeit zu geben, kann helfen, Stress zu lindern, mehr im Jetzt zu sein und entspannter zu werden. Für diese Übung solltest du dich fünf Minuten hinsetzen und dich ganz und gar auf deine Atmung konzentrieren.

Spüre, wie der Brustkorb sich öffnet und wieder schließt. Fühle die frische Luft und den freien Geist. Auch hier ist es wichtig, nichts zu bewerten. Wenn Gedanken hochkommen, lass sie einfach vorbeiziehen und verbiete dir nicht, dass diese Gedanken kommen.

Erlaube dir, alles zu fühlen, was gerade in deinem Körper passiert. Identifiziere dich nicht damit, sondern lass alles geschehen, ohne Wertung, voller Akzeptanz.

Es gibt noch viel mehr Dinge, die mir helfen, genau im Moment zu sein, zum Beispiel Musik und die Natur. Wenn ich Lieder höre, vergesse ich alles und fühle mich voll und ganz im Jetzt. Dies gilt auch für die Momente, die ich in der Natur verbringe und wenn ich mich ganz den Geräuschen der Natur hingebe. Nimm dir Zeit, probiere verschiedene Dinge aus, und irgendwann wirst du dadurch die Dinge finden, die dich das Hier und Jetzt voll erleben lassen.

Es kann übrigens sehr gut sein, dass durch solche Tätigkeiten viele Emotionen hochkommen und du Dinge empfindest, die scheinbar noch nie vorher da gewesen sind. Das ist völlig normal! Lass diese Gefühle raus! Wenn du dir Zeit nimmst und die Achtsamkeitsübungen langsam in deinen Alltag integrierst, werden sie dich viel über dich selbst lehren und du wirst eine ganz neue Lebensenergie finden.

Ich versuche, Achtsamkeit nicht nur punktuell einzuüben, sondern generell achtsam zu sein mit mir selbst, mit den Dingen, die ich sage oder tue und die ich denke. Wir handeln oft sehr emotional, ohne darüber nachzudenken, und tun unbewusst Dinge, die wir im Nachhinein bereuen. Versuche, in solchen Momenten innezuhalten und nachzudenken, bevor du handelst.

PROBIER DOCH MAL:
Gehe achtsam mit dir und mit deinen Mitmenschen um.
Denke bewusst, bevor du handelst.

In solchen Situationen fällt es mir schwer, im Hier und Jetzt zu sein:

Darauf möchte ich verstärkt achten:

Hiermit werde ich aufhören:

Dabei kann ich am meisten entspannen:

Das ist mein Ziel:

So fällt es mir am einfachsten, mehr im Hier und Jetzt zu sein:

_____

_____

_____

Das hat mir dabei geholfen:

_____

_____

_____

So fühle ich mich im Jetzt:

_____

_____

_____

Das hat sich verändert:

_____

_____

_____

Das möchte ich in der Zukunft mehr tun:

_____

_____

_____

Nutze Affirmationen

Unser Leben ist der Spiegel unserer Überzeugungen und Gedanken. Durch ihre ständige Wiederholung prägen sie sich tief in unser Unterbewusstsein ein und verändern dadurch unsere Empfindungen und unseren Blick auf unser Umfeld. Je öfter wir uns sagen, wie schlecht alles ist, desto eher sehen wir die schlechten Dinge. Je häufiger wir wiederholen, dass wir gesund sind, es uns gut geht und wir glücklich sind, desto eher spüren wir genau das.

Affirmationen haben viel mit der Kraft der Anziehung zu tun. Je mehr wir an etwas glauben, desto eher geschieht es. Das ist ganz leicht zu erklären. Wenn wir morgens aufstehen, uns eine Tasse herunterfällt und wir uns sagen, dass es nur ein schlechter Tag werden kann, dann wird der Tag auch schlecht. Das ist kein übernatürliches Zeug, sondern die Realität. Denn wenn wir schlecht gelaunt sind, fällt uns Schlechteres eher auf und wir haben keinen Blick für das Gute. Wenn wir aber das Gefühl haben, dass es ein guter Tag wird, dann wird er das auch, da uns die guten Dinge mehr auffallen und wir die negativen Momente eher übersehen werden. Im Prinzip besteht alles aus Energie, und je nachdem, welche Energie wir in das Universum abgeben, bekommen wir diese Energie auch wieder zu spüren. Wenn du dir nun täglich immer wieder in deinen Kopf rufst, dass du gut genug, dass du wundervoll und einzigartig bist, wirst du das nach und nach auch glauben und wirklich fühlen.

Ich habe jahrelang vor dem Spiegel gestanden und mir gesagt, dass meine Beine zu dick sind, mein Körper hässlich ist und ich nichts wert bin. Diese Energie habe ich auch ausgestrahlt, und ich war fest davon überzeugt, dass das die Wahrheit ist. Dann habe ich

Spiegelübungen angefangen. Du kennst das Prinzip bereits aus dem Kapitel »Heile dein Denken«. Bei diesen Übungen habe ich immer, wenn ich in den Spiegel geschaut habe, mir die Zeit genommen, mir Komplimente zu machen, lieb zu mir zu sein und die alten Muster zu bekämpfen. Die ersten Male dachte ich mir die Dinge nur, doch irgendwann sprach ich sie laut aus. Und durch das tägliche Wiederholen dieser Übung wurden die Aussagen, die ich anfangs als Unwahrheit angesehen hatte, langsam zur Wahrheit.

Ich sah mir tief in die Augen und sagte: Ich liebe dich!

Mein Körper und mein Inneres Ich wurden eins und behandelten sich mit Respekt, Geduld und Liebe. Einige Tage waren einfacher, andere waren schwieriger. An manchen Tagen brachte die Übung mich zum Lachen, an anderen zum Weinen. Egal, welche Emotionen in solchen Momenten hochkommen, lass sie einfach zu. Solange du bei der Sache bleibst, wirst du immer nach vorne gehen!

PROBIER DOCH MAL:
Arbeite mit deinem Spiegelbild.

Stelle dich täglich für mindestens eine Minute (das kann gerne morgens beim Anziehen sein) vor den Spiegel und zeige dir, dass du dich liebst.

Das kann sich zum Beispiel folgendermaßen anhören: »Ich bin genug«, »Ich bin gut, so wie ich bin«, »Ich liebe mich«, »Ich bin wertvoll«, »Ich bin liebenswert«, »Ich verdiene Liebe«, »Ich liebe meinen Körper«, »Ich bin dankbar, mich zu haben«, »Ich bin ein zuvorkommender Mensch«, »Ich bin voller positiver Energie«, »Ich spüre Glückseligkeit«, »Ich spüre Liebe zu der Welt«, »Ich ziehe positive Dinge in mein Leben«, »Ich habe die Macht über mein Leben«.

Das Ganze fühlt sich beim ersten Mal total eigenartig und ungewohnt oder sogar blöd an und du schaffst es kaum, diese Übung durchzuführen? Das ist vollkommen normal! Mach dir keine Gedanken darüber. Je öfter du diese Aufgabe wiederholst, desto normaler wird es dir vorkommen. Auch die Aussage »Ich liebe mich« wird sich anfangs wie eine Lüge anfühlen. Du lernst dich gerade zum ersten Mal wirklich lieben. Das braucht seine Zeit! Gehe es langsam, Schritt für Schritt an.

Affirmationen kannst du übrigens auch auf viele andere Dinge in deinem Leben anwenden. Du kannst mit ihrer Hilfe Ziele visualisieren und Hoffnung und Kraft aus ihnen ziehen, um diese Ziele auch umzusetzen. Gehe hierfür in dich und stelle dir genau vor, was du dir erträumst. Höre die Geräusche, spüre das Gefühl, sieh die Eindrücke, nimm alles bewusst wahr, mit allen Sinnen. Je öfter du dies tust, desto realistischer werden deine Träume für dich. Hierfür kannst du dir jeden Tag fünf bis zehn Minuten einplanen. Wenn du gleich am Morgen damit beginnst, hat das außerdem die positive Folge, dass du auch mit einem positiven Gefühl in den Tag startest.

Zur Sicherheit übrigens noch einmal der Hinweis: Natürlich steckt hinter der Kraft der Anziehung keine Magie! Wenn du den ganzen Tag nur in deinem Bett sitzt und dir Dinge visualisierst, werden sie dennoch nicht eintreten. Diese Affirmationen stärken in dir die Motivation und den Glauben daran, dass etwas passieren wird. Das führt dazu, dass man eher etwas dafür tut und so dazu beiträgt, dass wirklich etwas geschieht.

Hinweis: Nutze bei deinen Affirmationen keine Verneinungen. Wenn ich sage, dass du nun nicht an ein Zebra denken sollst, denkst du an ein Zebra. So funktioniert es auch mit dem Universum. Sage also nicht: »Ich verdiene keine schlechten Dinge.«

Sag: »Ich verdiene gute Dinge.«

Fülle diese Seite aus.

Diese Affirmationen möchte ich ab sofort täglich wiederholen:

_____

_____

_____

_____

_____

_____

_____

Das ist mein Ziel:

_____

_____

_____

_____

_____

_____

So fühlt sich die Spiegelarbeit für mich an:

_____

_____

_____

_____

_____

_____

Fülle diese Seite erst in einer Woche aus.

Diese Affirmationen haben sich in Glaubenssätze verwandelt:

_____

_____

_____

_____

_____

So fühlt sich die Spiegelarbeit jetzt an:

_____

_____

_____

_____

Daran arbeite ich noch:

_____

_____

_____

_____

Das möchte ich in der Zukunft mehr tun:

_____

_____

_____

_____

Lerne, mit Angst und Scheitern umzugehen

Auf dem Weg der Selbstfindung und Selbstliebe, hin zu einem farbenfroheren Leben, wird es auch schlechte Tage geben. Tage, an denen man weint, sich fühlt, als hätte man verloren, als würde das alles sowieso nichts bringen. Erfüllt vom Gefühl, aufgeben zu wollen. Solche Zeiten wird es im Leben immer geben. Das ist völlig normal! Das Leben besteht aus Höhen und Tiefen, das macht das Leben so besonders. Wären alle Tage nur positiv, wäre das doch auch ziemlich langweilig, oder? Die schönen Tage gefallen uns so besonders, weil es auch mal doofe Tage gibt.

Hey, du hast bereits 100 Prozent deines bisherigen Lebens hinter dir und super gemeistert! Du hast Krisen erlebt und trotzdem weitergemacht. Es gab viele Rückschläge und Probleme und du bist trotzdem noch da! Sei doch mal stolz darauf!

Trotzdem können schlechtere Tage einen so herunterziehen, dass man kurz davor ist, die Hoffnung zu verlieren. Ich habe auf meinem Weg immer wieder Minuten, Stunden, Tage oder Wochen gehabt, die schwierig waren. Um diese Zeiten zu überstehen, musste ich lernen, was ich tun kann, damit diese Gedanken nicht all meine Energie rauben. Auch du bist dazu eingeladen, für dich herauszufinden, was dir in solchen Zeiten hilft, nicht die Hoffnung zu verlieren.

Manchmal tut es mir zum Beispiel gut, mich einfach auszuheulen und mit jemandem über meine Ängste und Gefühle zu sprechen. Wenn wir all unsere Gedanken, Sorgen und Ängste runterdrücken, sammeln die sich dort an, und irgendwann quillt alles über. Solltest du keine Person haben, der du von deinen Problemen erzählen möchtest, kannst du bei einer Telefonhotline anrufen oder ein Tagebuch schreiben. Wichtig ist nur, dass du die Dinge rauslässt, damit du dich wieder freier fühlst. Auch Filme oder Lieder können dir helfen, zu weinen und alles loszulassen, oder andere Dinge, bei denen du dich komplett öffnen kannst. Oft sind die Ängste nach dem Loslassen nicht mehr so schlimm wie vorher.

So gut mir das Reden tut, so schlecht kann dies aber auch an anderen Tagen für mich sein. Es klingt vielleicht eigenartig, aber es gibt Tage, da möchte ich mit niemandem über meine Probleme sprechen, sondern mich einfach nur ablenken. Dieses Gefühl ist auch vollkommen okay und nichts, für das man sich rechtfertigen müsste. Wenn ich mich so fühle, lese ich gerne ein Buch, schaue Filme oder höre Musik. Es gibt nämlich Momente, da verirrt man sich in einem Strudel von Gedanken und je mehr man denkt, desto tiefer zieht es einen. Ablenkung macht es da möglich, diesen Strudel zu verlassen und klarer zu denken. Das bietet uns die Möglichkeit, objektiver an das Thema heranzugehen und es sich aus der Vogelperspektive noch mal anzuschauen. Eine der besten Formen der Ablenkung ist für mich, inspirierende Videos zu schauen, Podcasts zu hören oder Bücher zu lesen. Wenn man sich schlecht in seinem Körper fühlt, können wenige Minuten eines Selbstliebe-Videos ganz neue Gefühle auslösen.

Eine Sache, die man übrigens nie vergessen darf, ist, dass alle Ereignisse aus einem bestimmten Grund geschehen. Denn all das, was passiert, formt uns zu dem, was wir werden. Selbst die schlimmsten Dinge passieren, damit wir daran wachsen und immer besser werden in den Dingen, die wir tun. Das Leben wird uns immer wieder herausfordern. Alle Tiefen sind ein Geschenk für uns, denn das Leben tut es nicht, weil es böse ist oder es nicht gut mit uns meint. Ganz im Gegenteil! Es bietet uns die Möglichkeit, stärker zu werden. Einige nutzen diese Chance, andere übersehen sie. Nimm die kommenden Herausforderungen an! Oft kommt genau vor den Höhen ein großes Tief, das durchkämpft werden muss, um nach oben zu gelangen.

PROBIER DOCH MAL:
Mache dir bewusst, dass das Leben ein Auf und Ab ist, doch dass letztendlich jeder Schritt, den du gehst, ein Schritt nach vorne ist. Wenn einmal schlechte Tage kommen, lass all deine Gefühle raus. Irgendwann blickst du zurück und siehst, wie die schlimme Zeit dich stärker gemacht hat.

Deshalb fühle ich mich momentan schlecht:

_____

_____

_____

_____

_____

Deshalb bin ich dankbar für dieses Tief:

_____

_____

_____

_____

_____

Das hilft mir in dieser schweren Zeit:

_____

_____

_____

_____

_____

Das kann ich daraus lernen:

_____

_____

_____

_____

_____

Fülle diese Seite erst in einer Woche aus.

So bin ich mit schlechten Tagen umgegangen:

_____

_____

_____

So habe ich mich dabei gefühlt:

_____

_____

_____

Das hat sich verändert:

_____

_____

_____

Deshalb bin ich besonders stolz auf mich:

_____

_____

_____

So werde ich mit dem nächsten Tief umgehen:

_____

_____

_____

Sei dein eigener bester Freund

Einen der besten Tipps, den ich erhalten habe und den ich auch an dich weitergeben möchte, ist, mit sich selbst umzugehen, wie man mit seinem besten Freund oder der besten Freundin umgehen würde.

Wir sind mit uns selbst immer besonders kritisch und suchen nach Makeln an unserem Körper oder Fehlern in unserem Lebensstil. Im Grunde geben wir uns nicht genug Liebe, Komplimente, Anerkennung, Verständnis, Geduld, Vertrauen und Dankbarkeit. Diese Dinge bekommen meist unsere Nächsten. Beste Freunde möchte man nicht verletzen, man wünscht ihnen ein wundervolles Leben voller Glückseligkeit und tollen Erfahrungen. In unseren Augen sind sie gut, genau so, wie sie sind. Wir versuchen, immer für sie da zu sein, wenn sie sich mal nicht gut fühlen, und helfen ihnen, wo wir nur können. Wir machen ihnen Mut, wenn ihnen der Mut fehlt, und haben Verständnis für jegliche Fehler, die sie gemacht haben. Wir würden diesen Personen nie sagen, dass wir sie hassen oder dass sie viel zu dick sind oder dass sie keine Liebe in ihrem Leben verdienen. Doch genau solche Sachen sagen wir oft zu uns selbst. Was wäre, wenn wir mit uns gut umgehen und uns selbst wie einen besten Freund behandeln würden?

Hier einige Beispiele, wie das aussehen kann:

1. Liebe geben

Wir geben den Menschen, die wir lieben, immer ganz viel von unserer Liebe und Energie. Wir sorgen dafür, dass es ihnen gut geht und sie sich an ihrem Leben erfreuen. Wenn es einem guten

Freund schlecht geht, fahren wir zu ihm, rufen an oder versuchen auf irgendeine Art und Weise, für ihn da zu sein. Und so sollten wir uns auch selbst gegenüber verhalten. Geht es uns zum Beispiel mal nicht gut, sollten wir uns Zeit geben, damit klarzukommen, und für uns selbst da sein. Vielleicht wäre ein entspannter Filmabend in diesem Fall eine schöne Idee, ein leckeres Essen, eine Meditation oder ein toller Spaziergang. Im Prinzip geht es darum, uns das zu geben, was wir in diesem Moment brauchen, egal, was es ist, genau so, wie wir es bei einem Freund tun würden.

2. Komplimente machen

Dieses Thema habe ich in diesem Buch bereits mehrmals angesprochen. Wie du inzwischen weißt, mache ich ständig anderen Menschen Komplimente. Egal, ob es sich um den Charakter, die neue Frisur, Nägel, Outfit oder Ausstrahlung handelt – wenn ich etwas Positives denke, spreche ich es auch aus. Vor allem, wenn ich merke, dass die Person sich nicht so wohlfühlt oder ein falsches Bild von sich selbst hat. Viele Jahre habe ich also anderen gesagt, was ich an ihnen toll finde, aber mir selbst konnte ich keine Anerkennung zollen. Doch gerade wenn wir uns einmal schlecht fühlen, würden wir als Freund doch nicht noch mehr auf uns herumhacken, sondern versuchen, uns aufzubauen. Meist stehen wir aber vor dem Spiegel, gefangen im Strudel negativer Gedanken, aus dem uns niemand herausreißt. Sagt ein Freund, dass er sich hässlich findet, antwortest du ihm wahrscheinlich, dass er wundervoll ist, so, wie er eben ist. Wenn du dich also das nächste Mal nicht gut fühlst und vor dem Spiegel stehst, dann sprich liebevoll mit dir selbst – wie ein guter Freund es eben tun würde.

3. Beschenken

An Geburtstagen, Weihnachten, Valentinstag oder auch einfach mal so zwischendurch beschenken wir unsere Mitmenschen. Warum sollten wir das nicht auch mal mit uns selbst tun? Ich spreche hier nicht davon, online einfach mal schnell etwas zu bestellen oder shoppen zu gehen. Hier geht es vielmehr um die Energie, die dabei entsteht. Das Geschenk muss nicht unbedingt etwas kosten. Es kann ein Brief sein, eine Blume, ein Abendessen allein oder was einem gerade so einfällt. Das Wichtige ist hier die Absicht, dieses Geschenk mit Freude zu besorgen und es als Beschenkter voll und ganz zu genießen.

4. Perspektiven bieten

Es gibt gewisse Momente, in denen gerade niemand da ist, mit dem man jetzt sprechen könnte. In solchen Augenblicken drehen sich die Gedanken im Kreis und man findet einfach keine Lösung oder keinen Ausweg aus diesen Gedanken heraus. Hier kann ich sehr empfehlen, das Ganze aus der Sicht eines Außenstehenden zu betrachten. Sieh dir die Situation genau an und versuche, dich nicht mit dem Problem zu identifizieren, sondern die Geschichte so anzusehen, als wäre sie die deines Freundes. Das hilft dir, nicht mehr emotional in diesem Strudel eingeschlossen zu bleiben und die Situation objektiv zu bewerten, um so schneller eine Antwort und eine Lösungsstrategie zu finden.

5. Wohlwollende Worte sprechen

Wenn wir einen Freund treffen, fragen wir meist, wie es ihm denn geht, wünschen ihm einen schönen Tag oder sagen, wie sehr wir uns freuen, ihn heute zu sehen. Diese Sätze können wir uns auch sagen. Dafür musst du dich nicht direkt vor den Spiegel stellen und mit dir selbst reden, wenn dir das zu unangenehm ist, aber du kannst dir zum Beispiel Zettel schreiben und in der Wohnung verteilen. Einfach als kleine Erinnerung. Auf so einem Zettel können dann Dinge stehen wie: »Du bist mir sehr wichtig«, »Ich hoffe, dass es dir heute gut geht«, »Ich wünsche dir einen wundervollen Tag«, »Dein Outfit ist heute der Hammer«, »Du bist unfassbar stark«. Egal, was du gerne hören würdest, schreibe es auf, klebe es an die Wand oder den Spiegel und lass dich täglich daran erinnern, dass du gut so bist, wie du bist.

Im Prinzip kann dieses Vorgehen dir in allen Bereichen deines Lebens weiterhelfen. Immer wenn du gerade nicht weiterweißt, kannst du dir überlegen, was du als Freund wohl machen würdest. Und wie jede Freundschaft musst du auch die Freundschaft zu dir selbst pflegen und dich darum kümmern, dass sie erhalten bleibt. Lass die Freundschaft zu dir selbst wachsen und gib dir Zeit, vor allem, wenn du dir vorher eher ein Feind warst und kein Freund. Eine solche Beziehung ist nicht plötzlich über Nacht geheilt, sondern wird erst langsam immer besser.

Ein toller Nebeneffekt der Freundschaft zu dir selbst ist übrigens, dass deine Beziehungen zu anderen dadurch automatisch besser werden. Denn mit dir als guten Freund an deiner Seite wirst du unabhängiger, stressresistenter und sprühst nur so vor Energie.

Fülle diese Seite aus.

Das macht für mich einen guten Freund aus:

_____

_____

_____

_____

_____

Dieser Freundschaftsaspekt würde mir besonders guttun:

_____

_____

_____

_____

_____

Dieses Geschenk werde ich mir diese Woche machen:

_____

_____

_____

_____

_____

Hiermit werde ich aufhören:

_____

_____

_____

_____

_____

So habe ich mich gefühlt, als ich mich beschenkt habe:

_____

_____

_____

_____

_____

Hierbei war ich besonders stolz auf mich:

_____

_____

_____

_____

_____

Das hat sich durch meine Freundschaft mit mir selbst verändert:

_____

_____

_____

_____

_____

Das möchte ich in der Zukunft mehr tun:

_____

_____

_____

_____

Nimm dir Zeit für dich

Sich Zeit für sich selbst zu nehmen, ist essenziell, wenn man die Liebe zu sich selbst finden möchte.

> Menschen, die wir lieben, behandeln wir gut. Wir kümmern uns um sie. Warum sollten wir das dann nicht auch bei uns tun?

Viele Menschen denken, dass es egoistisch oder rücksichtslos ist, Zeit für sich selbst in Anspruch zu nehmen. Es kann auch gut sein, dass andere darauf schlecht reagieren, wenn man absagt, weil man ein entspannendes Bad nehmen oder ein Buch lesen möchte, anstatt bei einer Feier dabei zu sein. Doch, wie wir in den letzten Kapiteln gelernt haben, ist ein gesunder Egoismus gut und wir dürfen uns Zeit für uns selbst nehmen und uns so belohnen, auch wenn andere gerne unsere Zeit und Aufmerksamkeit für sich in Anspruch nehmen möchten.

Wir geben jeden Tag sehr viel Energie nach außen. Wenn wir unsere Batterien nicht wieder aufladen, werden wir immer weiter »ausbluten«, bis wir am Ende gar keine Energie mehr haben. Wir denken, dass wir hier mal helfen und da noch schnell etwas dazwischenschieben können. Um uns selbst kümmern, das können wir ja auch danach. Blicken wir dann auf die letzten Jahre zurück, fällt uns auf, dass wir uns eigentlich nicht wirklich viel Zeit für uns selbst genommen haben, da wir allem anderen Vorrang eingeräumt haben.

Stattdessen bist du eingeladen, dich für einen Augenblick ganz entspannt nach hinten zu lehnen und einmal zu überlegen, was du eigentlich willst. Es müssen auch nicht immer Dinge sein, die Stunden in Anspruch nehmen. 20 Minuten am Tag reichen schon völlig aus. Die Hauptsache ist, sich auch wirklich mal diese Zeit zu nehmen! Falls du nicht wirklich weißt, was dir guttut und was du tun könntest, findest du hier ein paar Ideen. Probiere gerne alles einmal aus und finde deine Lieblingsbeschäftigung.

1. Musik

Mich muntert Musik immer sehr auf. Ich habe mir vor längerer Zeit eine Selbstliebe-Playlist erstellt, die ich rauf und runter höre. Egal, wie schlecht es mir geht, danach fühle ich mich grandios! Zum Aspekt Musik gehören auch Singen, Tanzen oder einfach auf sein Gefühl zu hören. Vielleicht ist es für dich auch eine Option, in die Natur zu gehen und dabei inspirierende Klänge zu hören.

2. Lesen

Wenn man liest, tut man nur eine Sache und kann keine zwei, drei oder vier Dinge gleichzeitig tun. So liegt die volle Aufmerksamkeit auf den Buchstaben, Worten und Sätzen, die man liest. Nach meiner Krise war das für mich ganz schön schwer. Mit der Zeit habe ich aber gelernt, dass eine tolle Geschichte in meinem Kopf einen Film abspielen lässt, der alles andere überdeckt. Egal, ob du Fantasy-Romane liest oder dich mit Ratgebern weiterbildest – es gibt für jedes Interessengebiet ein Buch, das dich begeistern kann.

3. Körperpflege

Ich liebe es, Reinigungsmasken auf mein Gesicht aufzutragen, meinen Körper zu peelen und alle möglichen Pflegeprodukte zu verwenden. So schenke ich meinem Körper Zeit und wertvolle Wohlfühlmomente. Nach einem stressigen Tag kann das einen etwas herunterfahren.

4. Rausgehen

Hier muss ich mir selbst an die Nase fassen, da ich sehr lange gebraucht habe, mal einen Spaziergang zu machen oder einfach die Natur zu genießen. Doch jedes Mal, wenn ich es tue, muss ich sagen, dass ich danach viel entspannter bin und mich unglaublich mit der Natur verbunden fühle. Ich mag es vor allem, barfuß zu laufen (achte bitte darauf, wo du läufst! Nicht dass du dich verletzt). Egal, ob ich im Wald, am Wasser, in den Bergen oder am Sandstrand spazieren gehe, nach einer gewissen Zeit in der Natur fühle ich mich frei und ich hoffe, du auch.

5. Schreiben

Nimm dir ganz altmodisch einen Stift und einen Block zur Hand und schreibe einfach drauflos. Alles, was du in deinem Kopf hast, egal, ob es deine Ziele sind, deine Wünsche, Affirmationen oder auch Träume, schreibe die Zeilen und Seiten voll mit deinen Gedanken. Das hilft mir, die Dinge aus meinem Kopf rauszulassen – und diese später irgendwann zu sortieren. So bin ich frei für Neues und nicht mehr gefangen in meinen kreisenden Gedanken.

6. Entspannung

Wenn es darum geht, herunterzukommen und mal durchzuatmen, hat jeder seine eigene Art und Weise, dies zu tun. Ich kenne viele, die zu diesem Zweck Yoga machen oder meditieren. Mir hat Yoga bisher nicht so gefallen, weshalb ich meine eigene Entspannungsmethode finden musste. Die besteht aus Musik, Natur oder einfach nur liegen. Wenn du einen Partner oder einen guten Freund oder eine gute Freundin hast, kannst du es auch gerne mal mit Massagen versuchen. Massieren verbindet die Energien im Körper und entspannt sehr.

Probiere verschiedene Entspannungsmethoden aus und finde deinen eigenen Weg zu relaxen. Manchmal sind es auch total einfache Dinge, die einen herunterfahren. Hier gilt auch: Nur weil viele etwas als entspannend empfinden, muss es nicht gut für dich sein.

7. Kreativität

Lasse deiner Kreativität freien Lauf! Egal, was du magst, ob es zeichnen, malen, tanzen, schreiben, fotografieren oder designen ist. Nimm dir die Zeit, dich vollkommen der schöpferischen Kraft in dir hinzugeben. Wichtig ist hier: Bewerte deine Arbeit danach nicht. Mach es einfach nur aus Spaß – ganz egal, wie es am Ende aussehen mag!

8. Sport

Magst du es, dich vollkommen auszupowern? Dann probiere gerne neue Sportarten aus oder lasse alte wiederaufleben. Wichtig ist hier: Tu es für dich! Mach es nicht, um einen gewissen Körper zu bekommen oder weil du deinen jetzigen Körper nicht magst. Tu es, weil es dir Spaß macht!

9. Ausmisten

Gibt es alte Sachen, die dir gar nicht mehr guttun? Ist dein Kleiderschrank voll mit Klamotten, die du seit Jahren nicht getragen hast? Fühlst du dich eingeengt? Miste einmal gründlich aus. Verkaufe, verschenke oder wirf weg, was du nicht mehr brauchst und dich nur als unnötiger Ballast nach unten zieht. Hierbei muss es sich nicht nur um Kleider, Dinge in der Wohnung oder Beautyprodukte handeln. Ich liebe es zum Beispiel, mein Handy aufzuräumen. Hier lösche ich alle nicht so schönen Fotos und sortiere alle anderen Bilder in passende Ordner. Vielen hilft die Tätigkeit des Ausmistens, sich geordneter und freier zu fühlen und wieder mehr Platz für sich selbst zu haben.

10. Reflektieren und planen

Blicke auf deine letzten Monate oder Jahre zurück. Was hast du Tolles geschafft? Auf welche Dinge bist du besonders stolz? Welche Pläne könntest du als Nächstes angehen? Denke daran, was du schon alles geleistet hast und tun kannst in deinem Leben.

Wenn du dir nun mithilfe meiner Anregungen Zeit für dich nimmst, ist es zudem wichtig, darauf zu achten, dich nicht von irgendwem oder irgendwas stören zu lassen. Das bedeutet: Handy aus! Diese Zeit ist deine Zeit, in der keine Störquellen akzeptiert werden.

Außerdem stellt sich die Frage, wann du dir am besten Zeit für dich selbst nimmst. Denn während der Arbeit oder neben den Alltagsroutinen kann es schwer werden, Zeit für sich zu finden. Andererseits musst du vielleicht auch nur danach suchen. Was ist zum Beispiel mit der Zeit, in der wir 30 Minuten durch Instagram scrollen, ohne danach überhaupt zu wissen, was wir angeschaut haben? Was ist mit der Zeit, in der wir versuchen, immer für alles und jeden bereit zu sein und zu helfen? Was ist mit den letzten 20 Minuten vor dem Schlafengehen? Natürlich ist es einfach, Ausreden zu finden, warum etwas gerade nicht geht und wie viele andere Dinge noch erledigt werden müssen, aber wenn man es sich fest vornimmt und die täglichen Tätigkeiten genau anschaut, erkennt man schnell, das hie und da immer ein paar Minuten zu finden sind.

Trage dir die Zeit, die du dir für dich selbst nehmen willst, am besten in deinen Kalender ein. Beginne vielleicht mit zwei Stunden in der Woche und steigere dich dann langsam. Wichtig: Die Zeit steht fest! Egal, was passiert, du hast diese Zeit für dich allein eingeplant, nichts und niemand kann dir das nehmen.

> **PROBIER DOCH MAL:**
> Plane dir Wohlfühlzeiten für dich ganz allein ein.
> Alles, was dir Spaß macht, hat in der Zeit Vorrang!

Hierbei fühle ich mich wohl:

_____

_____

Das entspannt mich:

_____

_____

Das bringt mich zum Lachen:

_____

_____

Hier fühle ich mich frei:

_____

_____

Diese Dinge wollte ich schon immer mal machen:

_____

_____

Diese Zeit plane ich mir für alle diese Dinge ein:

_____

_____

So schwer fiel es mir, die mir zugeteilte Zeit auch wirklich zu nutzen:

Das hat mich entspannt:

Das hat mir besonders viel Freude bereitet:

Das möchte ich öfters machen:

Diese Dinge mache ich nächste Woche:

Kreiere dein eigenes Glück

Wenn du es geschafft hast, dich selbst kennenzulernen und mit deinen Stärken und den Dingen, die dich ausmachen, umzugehen, und du nun dein bester Freund bist, kannst du unabhängig von allen Widrigkeiten des Lebens dein eigenes Glück erschaffen. Du hast den Stift in der Hand und schreibst deine eigene Geschichte. Nutze dabei auch die Werkzeuge und Hilfsmittel, die ich dir in diesem Buch bisher mit auf den Weg gegeben habe.

> Du bist nicht das Opfer äußerer Umstände, sondern der Autor deiner eigenen Geschichte und somit deines Lebens.

Ich glaube ganz stark an die Macht der Anziehungskraft – ich habe dir an verschiedenen Stellen in diesem Buch schon davon erzählt. Wir ziehen genau die Dinge in unser Leben, die wir ausstrahlen. Wenn wir sehr negativ sind und die schlimmsten Dinge erwarten, wenn wir Angst vor allem haben und immer mit dem Schlimmsten rechnen, wird wahrscheinlich auch genau das passieren. Wenn wir schon mit einem gestressten und unguten Gefühl aufwachen, sehen wir eher die negativen Dinge, übersehen die guten, außerdem passieren uns durch unsere eigene negative Haltung viel mehr Missgeschicke – und ab diesem Punkt warten wir nur noch auf den nächsten schlechten Moment.

Mit einem leichten Umdenken können wir das jedoch ändern. Wenn wir an unsere Träume glauben, schöne Dinge erwarten und damit entsprechend eher bemerken und weniger Energie in die negativen Zeiten stecken, wird sich unsere komplette Lebensenergie verändern und das Leben bunter und erlebnisreicher werden.

Natürlich passieren positiven Menschen auch mal ungute Dinge, das ist etwas ganz Natürliches. Sie gehen jedoch hin, geben dem Ganzen nicht so viel Energie und lernen daraus, anstatt sich davon herunterziehen zu lassen oder schlimme Ereignisse gar als Generalentschuldigungen für alles, was in ihrem Leben schiefläuft, zu nehmen.

Das ist leider allzu häufig der Fall. Viele Menschen haben irgendwelche schlimmen Dinge in ihrer Kindheit oder im Jugendalter erlebt. Sie wurden gemobbt oder es gab Probleme in der Familie. Sie wurden hintergangen oder haben eine schlimme Trennung hinter sich. Doch egal, was es ist, man kann aus solchen Erfahrungen lernen. Ein positiver Mensch würde zunächst all seine Gefühle und Gedanken akzeptieren und Trauer empfinden, doch nach einer gewissen Zeit würde er zurückblicken und herauszufinden versuchen, welche Dinge ihn stärker gemacht haben, was er daraus gelernt hat und wie er ähnliche Probleme in Zukunft angehen möchte. Eine negative Person jedoch trägt diese Zeit immer mit sich, die ihr dann als Vorwand dient, sich weiterhin schlecht zu fühlen und darüber zu klagen, wie schwer sie es doch hatte und wie hart das Leben ist.

So hart diese Aussage auch klingt, so wahr und ehrlich ist sie: Jeder erlebt in seinem Leben schwere Dinge. Das ist komplett normal. Ich glaube fest daran, dass wir genau diese Zeiten brauchen, um dadurch stärker zu werden und für unsere Zukunft zu lernen. Und egal, wie schwer und hart es auch war, jeder kann aus diesen gemachten Erfahrungen ein Leben kreieren, das ihm gefällt. Es liegt ganz allein in der Hand von der Person.

Doch wie fängt man damit an? Zuerst sollte man sich Gedanken darüber machen, was Glück eigentlich genau für einen bedeutet. Die meisten Dinge, die wir uns als Ziel setzen und von denen wir denken, dass sie uns glücklich machen, sind Träume, die uns von unseren Mitmenschen, der Werbung, dem Internet vorgegeben werden. Doch ist das wirklich, was wir wollen? Oder nur das, was uns gesagt wird, dass wir es brauchen? Manche dieser Dinge, Glück, Geld, Erfolg, Partner, können zu unserem Glück viel beitragen. Doch um das Glück immer in sich zu tragen, egal, wie die äußeren Umstände sind, muss man viel tiefer gehen. Im Prinzip ist es ganz einfach.

> Das Glück war immer schon da.
> Wir haben nur die Augen davor verschlossen.

Was uns so unglücklich macht, ist der Wunsch, endlich glücklich zu sein. Wir denken, wenn wir dies oder das erst einmal erreicht haben, sind wir ganz plötzlich glücklich. Doch in Wahrheit ist es so, dass wir die innere Glückseligkeit in äußeren Dingen gar nicht finden können. Ein gutes Aussehen, Geld, eine Beziehung oder materialistische Dinge lassen uns zwar Freude empfinden, doch sie werden uns nicht langfristig glücklich machen, wenn wir das Glück nicht ohne all das empfinden können.

Wenn wir nämlich ein Ziel erreichen, finden wir in der Regel ganz schnell ein neues. Wir wollen noch höher, weiter, mehr und werden immer irgendwo Probleme suchen und finden, die uns davon abhalten, uns gut zu fühlen.

Wo beginnt also dein Weg zum wahren Glück? Der erste Schritt ist, nicht mehr die Probleme zu sehen oder das, was man nicht hat, sondern zu sehen, was man hat, und mehr im Jetzt zu leben. Akzeptiere die äußeren Umstände und sieh sie nicht als Grund dafür, warum du so unglücklich bist. Denn dein Glück hängt gar nicht davon ab, was du in deinem Leben hast, sondern nur, wie du darüber denkst. Dir fehlen nicht ein Partner, das Geld, der Erfolg, die Komplimente oder das krasseste Auto, um glücklich zu sein. Was dir fehlt, ist eine positive Einstellung zu deinem Leben.

PROBIER DOCH MAL:
Werde dir bewusst, dass das Glück schon da ist, und spüre es in den kleinen alltäglichen Dingen, die du sonst nicht wahrgenommen hast.

Im zweiten Schritt arbeiten wir an deinem ganz grundsätzlichen Blick auf das Leben. Mit welcher Energie wachst du morgens auf? Wie bist du zu deinen Mitmenschen? Fokussierst du dich auf die positiven Dinge oder auf die negativen? Mit welcher Energie gehst du schlafen? Fange an, bewusster zu denken und darauf zu achten, wie viele und welche deiner Gedanken dafür sorgen, dass du dich gut oder schlecht fühlst. Sollte ein schlechter Gedanke aufkommen, kannst du einen positiven im Anschluss in den Kopf rufen.

Das Wetter ist hier ein gutes Beispiel: Vielleicht ist es ein verregneter Tag. An solchen Tagen denken und sagen Menschen, dass es ein schlechter Tag ist. Solltest du solche Muster in deinem Kopf erkennen, dann brich sie mit den positiven Aspekten. Du könntest dich zum Beispiel darüber freuen, dass die Pflanzen Wasser bekommen oder dass man diesen verregneten Tag dafür nutzen kann, ein schönes Buch zu lesen und den Regentropfen zu lauschen. In den meisten nicht so guten Sachen findet man am Ende doch einen positiven Aspekt. Sollte das nicht der Fall sein, kannst du deine Gedanken auch einfach einer ganz anderen Sache zuwenden und das Negative einfach existieren lassen, ohne viel Energie hineinzugeben.

PROBIER DOCH MAL:
Ändere die Energie, die dich täglich umgibt, indem du umdenkst.

Wenn wir nun die Dinge in unserem Inneren gelöst haben, können wir nun auch Äußerliches in Angriff nehmen. Wirf die Dinge, die dich runterzerren, aus deinem Leben. Vielleicht sind es Menschen, die immer nur schlecht gelaunt sind, Möbelstücke, die dich stören, oder Musik, die dich runterzieht. Alles, was nicht gebraucht wird, fliegt.

Falls es jedoch Dinge in deinem Leben gibt, die du nicht ändern kannst, kannst du deine Gedanken dazu ändern. Autofahrer, die eigenartig fahren, wird es immer geben. Du hast aber die Möglichkeit, dich darüber nicht aufzuregen. In den Nachrichten werden auch immer wieder schlimme Dinge vorkommen, aber du hast es in der Hand, dein Leben dennoch als glücklich wahrzunehmen. So wird dem Negativen weniger Energie gegeben und dem Positiven mehr Energie. Das heißt natürlich nicht, dass man sich nie wieder schlecht fühlen darf! Mir geht es auch schlecht, dann weine ich oder rede mit jemandem, und danach kann es eben gestärkt weitergehen.

PROBIER DOCH MAL:
Wirf alle Dinge aus deinem Leben, die negativ sind.

Bei Schritt vier beginnen wir, gute Dinge in unser Leben zu ziehen, indem wir mehr an uns glauben und an die Ziele, die wir erreichen können. Hier ist es auch wichtig, die Kontrolle über die Gedanken zu finden. Starten wir mit dem Gedanken, dass es doch sowieso nicht klappt, werden wir vermutlich nicht weit kommen. Glauben wir stark an uns, ziehen wir eher die Erfolge an. Sollte etwas mal nicht so funktionieren, wie es gewünscht war, dann kann man immer noch die schlechten Erfahrungen oder harten Zeiten als eine Stärkung für die kommenden Momente ansehen. Das funktioniert, indem wir uns verstärkt auf die positiven Dinge zu konzentrieren und sie in schwierigen Zeiten auch bewusst kreieren. Dazu gehören Filmabende mit Freunden, neue tolle Erfahrungen und weitere Dinge, die Freude bereiten. Dadurch, dass wir generell mehr Spaß haben, mehr lachen und das Leben genießen, wird unser Leben reich an Momenten, die wir uns selbst gestaltet haben.

PROBIER DOCH MAL:
Ziehe positive Dinge in dein Leben.

Im fünften Schritt geht es um Dankbarkeit. Jeden Tag bekommen wir Geschenke auf den Weg gelegt. Es liegt an uns, diese zu erkennen, anzunehmen und auszupacken. In unserem Leben gibt es so vieles, wofür wir dankbar sein könnten, das wir aber als selbstverständlich ansehen.

So leben wir zum Beispiel in einem Land, in dem wir genug zu essen und zu trinken haben, ein Bett zum Schlafen und so viele andere Dinge, die unser Leben bereichern. Im Prinzip haben wir alles, was wir zum Überleben brauchen, und mehr, doch wann machen wir uns das auch bewusst? Wann sitzen wir vor unserem Mittagessen und bedanken uns, dass wir keinen Hunger leiden müssen? Manchmal vergessen wir all die schönen Möglichkeiten, die uns das Leben bietet, und sehen nur die Ziele, die wir noch nicht erreicht haben, und die Steine, die im Weg liegen.

Brich aus diesem Denken aus und sieh nicht mehr all diese wundervollen Dinge als selbstverständlich an, sondern als Geschenk. Indem wir dankbar sind für all jene Dinge, die uns helfen und schon immer da sind, empfinden wir viel mehr Freude und können besser in dem Moment leben. Vor allem für eine Sache sind wir in den seltensten Fällen dankbar: Wie oft haben wir uns für die Zeit bedankt? Für die Jahre, Monate oder Tage, die wir erleben durften? Wenn wir uns bewusst machen, wie dankbar wir für unsere Zeit sein können, werden automatisch stundenlange Zweifel, Streitigkeiten, negativer Konsum und generell Tätigkeiten, die traurig stimmen, als absolut kontraproduktiv entlarvt. Wir haben ganz einfach keine Zeit dafür, uns mit etwas zu beschäftigen, das uns nicht guttut. Unsere Zeit ist limitiert, warum also Stunden oder Tage Problemen nachhängen, die uns nur unserer kurzen Lebenszeit berauben?

PROBIER DOCH MAL:
Spüre mehr Dankbarkeit.

Im letzten Schritt geht es darum, entspannter an Dinge heranzugehen. Stress ist einer der Hauptgründe, weshalb viele ihr Glück nicht finden. Wir machen uns wegen allem Stress, egal, ob es um die Arbeit, Freunde, Familie oder uns selbst geht. Wir stehen ständig unter Stress.

Ich war da lange keine Ausnahme. Im Prinzip stand ich von dem Moment an, als ich aufgewacht bin, bis ich wieder im Bett war, unter Dauerstress, obwohl eigentlich nichts wirklich stressig war. Ich habe mich einfach nur selbst unter Druck gesetzt. Um davon wegzukommen, hat es mir letztendlich geholfen, mir meinen Papa als Vorbild zu nehmen. Wenn ich nämlich angesichts eines Problems nach einer Lösung gesucht habe, stand ich total unter Strom, war angespannt bis in die Haarspitzen. Wenn bei meinem Papa jedoch etwas passiert ist, sucht mein Vater ganz entspannt nach einem Weg, die Dinge zu lösen. Das wollte ich auch schaffen. Denn wenn wir mal ganz ehrlich sind: In den meisten Situationen bringt uns Stress gar nichts. Wäre es da nicht viel besser, genau gleich vorzugehen, einfach ohne all die negativen Emotionen, die uns nur auslaugen? Das wäre doch viel entspannter, oder?

Aber wie erreichen wir genau die gleichen Dinge in der gleichen Zeit nur ohne all den Druck und Stress dahinter? Das ist natürlich leichter gesagt als getan! Was mir sehr geholfen hat, waren Worst-Case-Szenarien, die du schon aus dem Kapitel »Tritt aus deiner Komfortzone heraus« kennst. Ich halte mir jetzt vor Augen, warum ich eigentlich gerade gestresst bin, was das Schlimmste ist, das passieren könnte, und merke dann, dass der Stress, den ich gerade empfinde, absolut unnötig ist.

Nun bist du dazu eingeladen, dir Gedanken darüber zu machen, was dich glücklich macht und welchen Zielen du folgen möchtest, um dieses Gefühl zu haben. Was hält dich zurück und was kannst du tun, um dich besser zu fühlen?

Schaffe dir so dein ganz persönliches Glück!

Das lässt mich glücklich fühlen:

_____

_____

_____

Diese Energie trage ich in mir:

_____

_____

_____

Diese negativen Dinge lasse ich los:

_____

_____

_____

Diese positiven Dinge ziehe ich an:

_____

_____

_____

Dafür bin ich dankbar:

_____

_____

_____

Hierbei war ich besonders glücklich:

Diese Energie trage ich in mir:

Das habe ich losgelassen:

Diese positiven Dinge habe ich in mein Leben gezogen:

Hierfür bin ich dankbar:

CHECKLISTE

Ich habe in den letzten Wochen ...

... zu mir selbst »Ich liebe dich« gesagt. ◯

... mich getraut, ich selbst zu sein. ◯

... an meine Träume geglaubt. ◯

... einen positiven Tag erlebt. ◯

... Glück empfunden. ◯

... mich ausgeweint und alles rausgelassen. ◯

... meine Lebenszeit weise genutzt. ◯

... meine Stärke erkannt. ◯

... mir Zeit für mich genommen. ◯

... mir ein Geschenk gemacht. ◯

... mit Affirmationen gearbeitet. ◯

... das Kind in mir freigelassen. ◯

... mir Komplimente gemacht. ◯

... mich besser kennengelernt. ◯

... Liebe an andere verteilt. ◯

... einen Schritt aus meiner Komfortzone heraus gemacht. ◯

... mir selbst vergeben. ◯

... mich mit positiven Dingen umgeben. ◯

... mich über mehr als nur mein Aussehen definiert. ◯

... meinen Weg erkannt. ◯

Fülle diese Seite mit deinen Gedanken
zu diesem Kapitel

»Du hast die Macht, alles in deinem Leben so sein zu lassen, wie du es möchtest.«

KAPITEL 8

Mach dein Ding!

Nach all den Tipps, die ich dir auf den Weg gegeben habe, muss ich zum Abschluss eine wichtige Sache noch einmal betonen: Du musst deinen eigenen Weg finden. In all den Jahren, in denen ich mich mit dem Thema Selbstliebe und Selbstbewusstsein beschäftigt habe, ist mir bewusst geworden, wie viele unterschiedliche Meinungen es über das richtige Vorgehen und Verhalten auf diesem Weg gibt. Da ist es sehr leicht, sich etwas verloren vorzukommen, da jeder etwas anderes zu diesen Themen beizutragen hat.

Auch ich habe eine gewisse Zeit gebraucht, mich einzufinden und einen Weg zu kreieren, der zu meinem Leben und mir passt. Um ehrlich zu sein, bin ich anfangs regelrecht verzweifelt. So gibt es zum Beispiel gewisse »Regeln«, die für unfassbar viele Menschen funktionieren, doch leider bei mir zu keiner Verbesserung geführt haben. Ich bin einfach kein Mensch, der Spaß daran hat, jeden Morgen um 4:30 Uhr aufzustehen. Ich meditiere auch nicht gerne und mache auch kein Yoga. Täglicher Sport steht bei mir auch nicht auf dem Plan und jeden Morgen einen grünen Smoothie trinken war eine Challenge, die ich nach drei Tagen abgebrochen habe. All diese Dinge fühlen sich möglicherweise für viele Menschen richtig an und geben ihnen Lebensenergie und Freude. Für mich haben sie jedoch nicht gepasst. Das bedeutet nicht, dass diese Dinge falsch sind. Oder dass ich falsch bin. Es zeigt mir nur, dass ich meine eigenen Tätigkeiten und Routinen habe, die mir guttun, und andere Leute ihre.

Nach all den Aufgaben und Gedanken in den letzten Kapiteln empfehle ich dir also, deine ganz eigene Wahrheit zu finden. Wir dürfen nicht vergessen, dass jeder Mensch anders ist. Und auch wenn mir gewisse Dinge helfen, bedeutet das nicht gleich, dass sie auch dir helfen. Aus genau diesem Grund war es mir wichtig, so viele Tipps und Aufgaben in diesem Buch vorzustellen, damit du deine Praktiken findest, die dir wirklich helfen.

Meine Meinung ist weder wahr noch falsch.

Probiere also ruhig die von mir vorgestellten Übungen und Praktiken aus und teste, was dir guttut und was nicht. Am Anfang kann es schwer sein, dies zu bewerten, da vieles nicht von Tag eins an funktioniert. Gib den Dingen eine Chance, probiere sie über einen längeren Zeitraum aus, schreibe deine Gefühle und Gedanken dabei auf und suche dir deine liebsten Beschäftigungen aus, die du weiterverfolgen willst.

Sollte dir etwas auch nach längerer Zeit nicht guttun, liegt das auf keinen Fall daran, dass du es falsch machst oder mit dir etwas nicht stimmt. Probiere einfach etwas anderes aus! Es gibt mit hundertprozentiger Sicherheit Dinge, die zu dir passen und dir guttun. Du musst sie nur finden.

Vor allem lernst du durch das Ausprobieren der verschiedensten Praktiken und durch deine Offenheit gegenüber Neuem oder Unbekanntem, allein Dinge zu schaffen und zu entwickeln, die dir guttun. Und wenn du das tust, wirst du selbstständig, hast die Macht, alles in deinem Leben so sein zu lassen, wie du es möchtest, kannst auf deinen eigenen zwei Beinen stehen und ohne Hilfe von außen deine Ziele erreichen.

Finde deinen individuellen Weg und lass dich durch andere Faktoren nicht davon abbringen.

»Das ist nicht das Ende.
Es ist der Anfang.«

KAPITEL 9

Reality Check

Am Anfang deiner Reise zur Selbstliebe hast du einen Reality Check gemacht. Nun, da du am Ende dieses Buches angekommen bist, kannst du mit Blick auf dein altes Ich erkennen, wie viel du schon verändern konntest und wie sich dein Leben verbessert hat.

Diesen Check kannst du auch gerne in ein paar Monaten erneut wiederholen. Wie du inzwischen weißt, ist der Weg zur Selbstliebe ein langer Prozess, somit ist es völlig okay, wenn du nicht in allen Aussagen die volle Ausprägung – also die 10 – ankreuzt. Es geht auch nicht direkt darum, die 10 zu erreichen, sondern eher darum zu sehen, wie viel sich im Vergleich zum letzten Check getan hat.

Bewerte die folgenden Aussagen auf einer Skala von 1 bis 10. 1 bedeutet hierbei: trifft nicht zu. 10 bedeutet: trifft eindeutig zu.

Bitte beantworte die Aussagen ehrlich und aus deinem Bauch heraus. Nur so kannst du deine Ergebnisse vergleichen.

Kreuze nun deine Antworten an:

»Ich gehe achtsam mit mir um.«

1   2   3   4   5   6   7   8   9   10

»Ich trage Freude in mir.«

1   2   3   4   5   6   7   8   9   10

»Ich fühle mich wohl in meinem Körper.«

1   2   3   4   5   6   7   8   9   10

»Ich bewundere andere, ohne Eifersucht zu empfinden.«

1   2   3   4   5   6   7   8   9   10

»Ich kann gut mit Kritik umgehen.«

1   2   3   4   5   6   7   8   9   10

»Die Meinung anderer verändert nicht meinen Selbstwert.«

1   2   3   4   5   6   7   8   9   10

»Ich stehe zu Fehlern und lerne aus ihnen.«

1   2   3   4   5   6   7   8   9   10

»Ich gebe Liebe an andere weiter.«

1   2   3   4   5   6   7   8   9   10

»Ich kenne meinen Selbstwert.«

1   2   3   4   5   6   7   8   9   10

»Ich mache mir keine Gedanken darüber, was andere von mir denken.«

1   2   3   4   5   6   7   8   9   10

»Ich gehe liebevoll mit meinem Körper um.«

1   2   3   4   5   6   7   8   9   10

»Ich bin im Hier und Jetzt glücklich.«

1   2   3   4   5   6   7   8   9   10

»Ich vergleiche mich nicht mit anderen.«

1   2   3   4   5   6   7   8   9   10

»Ich vergebe mir selbst und auch anderen.«

1   2   3   4   5   6   7   8   9   10

»Ich nehme mir genug Zeit für mich.«

1   2   3   4   5   6   7   8   9   10

»Ich bin glücklich mit meinem Leben.«

1   2   3   4   5   6   7   8   9   10

»Ich liebe mich selbst.«

1   2   3   4   5   6   7   8   9   10

»Ich bin mir bewusst, wie viel Macht ich über mein eigenes Leben habe.«

1   2   3   4   5   6   7   8   9   10

»Du bist das Beste,
was dir je passiert ist.«

KAPITEL 10

Mein letzter Brief an dich

Nach all den Aufgaben, die du bewältigt hast, den Dingen, die du gelernt hast, und angesichts all der Veränderungen, die du gespürt hast, sollte dir eine Sache aufgefallen sein:

DU BIST DAS BESTE, WAS DIR JE PASSIERT IST.

Du hast es geschafft, das Projekt »Selbstliebe« anzupacken.

Du hast es geschafft, dein Leben bunter zu gestalten.

Du hast es geschafft, die Liebe in der Welt und in dir wachsen zu lassen.

Du hast es geschafft, aus negativen Erfahrungen Stärken zu kreieren.

Du hast es geschafft, dein Leben lebenswert zu machen.

Du hast es geschafft, dich selbst mehr zu lieben.

Du hast dein Leben in die Hand genommen und es nach und nach mit mehr positiver Energie gefüllt.

Du hast Praktiken erlernt, die dich Dinge bewältigen lassen, die dich früher ins Leere gezogen hätten.

Du hast dir Zeit genommen, auf deinen Körper und seine Bedürfnisse zu achten und liebevoller mit ihm umzugehen.

Du hast die Kontrolle über dein Leben übernommen.

All das warst ganz allein du!

Und genau darum bist du das Beste, was dir je passiert ist.

Danke

Auf meinem Weg zu mehr Selbstliebe haben mich so viele Menschen begleitet. Manche dieser Personen habe ich nur ein Mal gesehen, und dennoch haben sie mein Leben in einer gewissen Art und Weise verändert. Andere waren schon immer da und über Jahre hinweg eine wesentliche Stütze in meinem Leben.

Mein erstes Dankeschön geht an meine Mama. Sie ist die Person, die mir, seit ich klein war, bei allen meinen Gedanken und Problemen zugehört hat. Ich habe sie unzählige Male mitten in der Nacht angerufen oder bin in ihr Zimmer gegangen, um mich in ihren Armen auszuweinen. In allen Situationen und egal, was es war, sie hat mir zugehört und Stunden damit verbracht, sich Lösungen für meine Probleme zu überlegen. Sie hat an mich geglaubt, wenn ich es mal nicht getan habe, und mir Mut gegeben, wenn ich mich schwach gefühlt habe. Sie hat mir die Möglichkeit gegeben, meinen Träumen zu folgen, meinen Weg zu gehen und trotzdem immer wieder zu meinen Wurzeln zu finden, wenn ich sie gesucht habe. Ich könnte ein ganzes Buch darüber schreiben, wie dankbar ich bin, ihre Tochter sein zu dürfen, aber ich fasse mich kurz und sage einfach: Danke.

Außerdem möchte ich mich bei meinem Papa bedanken, der mich so akzeptiert hat, wie ich bin, auch wenn ich nicht ganz der Norm entspreche. Ich bin dankbar dafür, dass er mir die Erlaubnis gegeben hat, mich selbst zu verwirklichen und einem sehr individuellen Weg zu folgen. Ohne ihn und meine Mama hätte ich niemals die Schule beenden können, allein nach Berlin ziehen dürfen und mein Traum der Selbstständigkeit in die Realität umwandeln können.

Ein weiteres Dankeschön geht an meine kleine Schwester, die für ihr Alter so weise und achtsam ist, dass ich mir nur erhoffen kann, dass sie noch viele junge Menschen inspirieren wird, auch diesem Weg zu folgen und liebevoller miteinander umzugehen. Nicht zu vergessen, dass sie mich einfach immer wieder zum Lachen bringen kann, egal, wie schlecht es mir geht, und mich Kind sein lässt, wenn ich mal wieder meine verrückten paar Minuten oder Stunden habe.

Eine Person, die ich auf keinen Fall auslassen darf, ist meine große Liebe Stefan. Er hat mich die letzten zwei Jahre durch all meine Höhen und Tiefen begleitet und mir gezeigt, dass ich gut bin, genau so, wie ich eben bin. Mit ihm habe ich gelernt, was eine Beziehung ausmacht und wie man eine gute Partnerschaft aufbaut. Ich bin dankbar für die großartigen Ideen, auf die er mich immer bringt, und dass er mich daran erinnert, langsam zu machen, wenn ich mir mal wieder zu viel vornehme.

Ich könnte jetzt meine ganze Familie und alle Freunde aufzählen, da sie mich alle in gewissen Dingen unterstützt haben, aber dafür reichen die Seiten nicht aus.

Ein großes Dankeschön auch an alle, die nicht an mich geglaubt haben oder mich am Boden sehen wollten, denn genau diese Menschen haben mich unfassbar stark gemacht.

Mein letzter Dank geht an mich selbst. Ich danke mir, dass ich immer auf mein Herz gehört habe und mich nicht von meinem Weg habe abbringen lassen. Danke, dass ich die Kraft hatte, alles durchzustehen und gestärkt daraus hervorzugehen.

Ich bin wirklich das Beste, was mir je passieren konnte.

Meine Empfehlungen

Louise Hay

Eine der Personen, die mich am meisten inspiriert haben auf meinem Weg, war Louise Hay. Mit ihren Videos und Büchern hat sie mir ein Licht mit auf meinen Weg gegeben, das nicht aufhört zu leuchten.

Evan Carmichael

Mit seinem YouTube-Format »Top 10 Rules« ermöglicht er es seinen Zuschauern, die besten Tipps von verschiedenen Berühmtheiten in einem Video zu finden. Mit diesen Videos habe ich sehr viel gelernt und viel Mut bekommen, wenn ich mich gerade nicht so gut gefühlt habe.

Selbstliebe-Playlist

Ich habe vor einiger Zeit eine Selbstliebe-Playlist erstellt, die du dir gerne mal anhören kannst. Musik ist ein wichtiger Teil von meinem Leben und durch Selbstliebe-Lieder kann ich mich selbst viel leichter feiern.

Du findest sie unter Spotify unter diesem Namen:
FEEL BEAUTIFUL Self Love and Confidence by Luisa Gaffga
Link: *https://spoti.fi/2WQEa7p*

Du findest mich

Du kannst mich natürlich auch auf Social Media finden und dort noch mehr Selbstliebe-Tipps erhalten!

YouTube: Selbst Verliebt

Instagram: @selbst__verliebt

Podcast: Selbstverliebt mit Lulu

Ich würde mich natürlich auch sehr über eine Rückmeldung von dir freuen. Schreib mir doch eine E-Mail:

Selbst-verliebt@gmx.de